生活廣場 14

輕鬆攻佔女性

趙奕世／編著

品冠文化出版社

前　言——讓女性很高興地跟著你的追求方式

近幾來年，我們常在書刊上看到不會談戀愛的男人變多了。並不是說他們覺得戀愛或結婚很恐怖，而是不懂得如何接近女性。

尤其是年輕男性，有人說他們對異性已失去興趣與關心，這也可以說是升學壓力下的一大弊害。

現在的活動除了遊戲之外，還有個人電腦、賽車等等，一出門就有各式各樣的娛樂等著，在這些娛樂中，性所佔的比重好像愈來愈不重要了。

尤其有的人根本無法了解女人的心理，更別說追求女人了。但是，對年輕男性而言，想要擁抱年輕女性，也是很正常、很健全的，不要覺得這是浪費時間、浪費金錢，應該多練習一些追求女人的技巧。

如果你沒有偶像，是不是該想想看是為什麼？在街上、在商店裡、在你工作的場所中，都有充滿女性魅力的女性，如果你對她們一點興趣也沒有，那身為男人，還真是寂寞呀！這箇中原因是什麼？

說穿了，我想那是因為你害怕年輕的女性，對她們敬而遠之。因為你缺乏自信，所以如此吧，但這樣你在這漫長人生旅途中，就只有孤寂一途了。希望讀完本書後，你能夠鼓起追求女人的勇氣。

「有多少女人討厭自己，就有多少女人喜歡自己。」不要因為有一個女人討厭自己，就因此覺得沮喪；相反地，喜歡自己的女人也增加一個，若你能這樣想，是最好的。

因為對於性格的好惡，可說是百人百樣，例如有些女人喜歡戴太陽眼鏡的男人；相反地，有些女人就是討厭戴太陽眼鏡的男人；有些女人不喜歡男人纏自己纏得太緊，但有些女人則非要男人黏著她，她才會高興。

不要忘了，讓你沒有自信之處、讓你覺得是缺點的地方，也許正有女性喜歡。

要吸引她，可能最重要的就是「膽量」。不管怎樣邀約，最重要的也是要有「膽量」。希望你透過本書，培養出男人的膽量。

只要將本書擺在你的桌上，相信你的人生一定多采多姿，本書將教你非常完美的引誘與追求方式。

目錄

☞當女性開始投入的時候

◇第2章◇

使女性「歡喜」的訣竅

掌握女人心的說話術

使女性無法自拔的交往方法

成爲對方「必要的男人」的方法

◇第3章◇

初次見面的第一步

——創造開始的指南

高明的接近術

☞邀約同公司可愛女性的方法

☞對於不習慣和女人「深交」的男性

◇第4章◇

被喜歡的男人、被討厭的男人
——女人是這樣看男人的

女人喜歡和這種男人交往

☞這種行動與說話方式一定會被討厭

◇第5章◇

向各類型女性求愛的方法

——這樣求愛、這樣追求

讓女性一定會跟著你的訣竅

◇第6章◇

在哪裡、如何的引誘她？

女人對於這種「強迫」是不會反抗的

自然的擁抱和親吻！

在哪裡約她？約她去哪裡呢？

◇第7章◇

對於這種女人很好求愛！

巧妙解讀內心的變化

◇第8章◇

引誘女性做愛的技巧

有時候要下流一點強迫她！

使她靜靜閉上眼的指南

第一章

馬上能夠親近女性的「交往術」

不善與女性交往的男人應該注意說的話

1 女性會因爲「這句話」而迷戀你

從哪裡可以看出來是勾引高手，還是不善於勾引的男人呢？

有兩位男性，其中一個是這樣子的，他在喝醉酒的女性說要跳進游泳池時，對她說道：

「好，我們一起跳。」

於是就牽著這名女性的手，兩個人眞的跳下游泳池了。當天晚上，他就留在她的房裡過夜，爲的是把衣服弄乾。

另一個人是這樣子的。有一名女性很迷戀一名男性，她找他商量道：

「難道不可能嗎？」

這時這位男性回答她說：

「不是不可能，妳應該更迷戀他。」

然而令人吃驚的是，這名女性在不知不覺中愛上了這個人。

比起優柔寡斷的男人，女人會喜歡能在背後援助自己的男人，這樣的男人在女性眼中相當有魅力。

很意外的，女人也有惡劣的一面。

「要不要和我一起做拿槍的強盜？」

有時候她會有這種荒誕無稽的提議。

「妳別開玩笑了，怎麼可以做這麼荒唐的事情！」

如果理論性地予以反對，或投以冷笑，那麼這種男性一定會被排除在外的。

「好啊，但是在國內很不容易弄到手槍，我們還是空手算了。我就扮強盜，妳就扮我侵入的人家的妻子吧！」

一邊肯定她的話，一邊把事情轉換爲遊戲，這種男性是令女性期待的。

透過「手槍強盜」的故事，她對男性會有兩種評價：

㈠當自己陷於絕境時，這個男人是否可以拯救自己

㈡這個男人是不是會和自己一起瘋狂

對於女性的這種心理，你非得要能夠立刻察覺。

不會勾引女性的男性，只會就道德立場說些理論性的話，而且會表現出一副要保護女性的樣子，就因爲這樣子，反而惹女性討厭。

2 稱呼名字或綽號會使你們意氣相投

與歐美人比較起來，國人比較不容易和初次見面的人有親切的感覺，這是因爲國人的姓在名字前面，稱呼時都會稱「某某先生」，不會稱呼對方名字。

相對於此，歐美人的名字在姓前面，從第一次見面就說：

「我叫湯姆。」

「我是瑪麗。」

像這樣子，馬上就覺得情投意合。面對自己平常比較在意的女性，可以養成

稱呼她「小美」的習慣。

同時，請別人稱呼自己的名字或綽號，也可使同事早一點認識自己。可以在進入公司的第一天就說道：

「因爲我看起來鈍鈍的，所以大家都叫我河馬，也請各位都叫我河馬就好了。」

你這種輕鬆的印象會在公司流傳開來。

例如，如果有女性員工對你說：

「河馬，你可不可以幫我做這個？」

因爲她是稱呼你的綽號，所以你當然也不會回答她：

「我知道了，張小姐。」

「ＯＫ，只要是小鈴的事，我一定第一個做。」

身爲男性的你，自然也會如此稱呼對方，在這種狀況下，彼此之間的普通關係就會提升到像歐美人的親密關係了。

雖然對硬派的男性來說，這也許有點困難，但這時候乾脆進行自我改革，說一些輕鬆的話吧。如果能夠使用運動員般比較輕鬆的話，那就更好了。

3 「請妳說我喜歡林先生」

走斑馬線穿越馬路時，看到辦公室裡的女性在前面，這時候你可以悄悄地從後面靠近她，對她說，「我是警察，妳是某某某吧，不要回頭，往前走。」你的聲音必須鏗鏘有力而低沉，一手挽著她的手。不管是誰，在這一瞬間幾乎都會僵硬起來，照著你的話做。當你們穿越馬路，到達對面時，你就大笑出來，這時她就知道自己被捉弄了。

「可惡，可惡，剛剛眞的嚇我一大跳。」

也許她眼眶中浮著淚水，很憤怒的樣子，但相反地，也許她會因爲鬆了一口氣，和你的關係就一下子拉近了。

例如，有時候這麼做。

「我是秘密警察，妳看著前面往前走。妳是某某某吧？請妳在這裡說，我喜歡林先生。」

當然有些女性會在斑馬線上就笑出來，相當地愉快。而更高的技巧是在中午休息時間，和幾位辦公室女性一起走在路上時，對於同單位的男性這麼做：

「你是竊盜嫌疑犯，你被逮捕了，雙手舉起來。」

當這名男性手舉起來時，女性也就呵呵呵地笑了出來。當然這樣是對不起男同事，但卻加深了和女同事間的良好關係。而當大家接受了你之後，你就立刻將目標朝向喜歡的對象。

這種遊戲的重點，主要是向對方顯現出你是個幽默而開朗的男性。幽默開朗的男性一定會受到女性喜愛的，因此，接近你的女性人數一定會增加。

♠♠♠♠♠

【讓她喜歡你的一句話①】——「我眞希望和妳這種人緣好的女性交往！」

光是這一句話，就會讓女性擁有優越感，雖然她一直說：「哪裡，哪裡！」但是她卻會對自己的魅力擁有自信。同時，她也會對認同自己魅力的男性產生好感。

因此，能夠使女性高興的男性高手，一定很習於應付女性，期待你們的關係越來越親密。

♥♥♥♥♥♥

4 你知道這種快樂的遊戲方式嗎？

你知道女性很喜歡丟東西嗎？夫妻吵架時，只要手邊拿得到的東西，不管是盤子還是食物，女性都可以把它拿來丟，這是種感情的表現。

在原野上互相丟花，這樣可以使你們之間的關係頓時親密起來，也可以突然地進行擁抱、接吻。

總而言之，只要出現丟人、被丟這一幕，那麼，對你們之間的關係將有意想不到的提升效果。

如果在河邊互相追逐，你追我，我追你，也很有趣，可以使你們的感情一舉爆發出來。

女性是屬於貓科的動物，不管是哪種女性，都希望受人照顧，被人關愛。如果她被逗弄，她也會去逗弄對方，如果你不去戲弄她，她就會表現出漠不在乎的樣子，因此，要由男生主動去逗弄女性，開始一場愉快的遊戲。

用紙氣球丟對方的遊戲最近好像不常看到了，但有些小孩仍會玩，還有用溜溜球輕輕敲對方的遊戲。戀人之間也可以玩這類遊戲，有助於拉近彼此之間的距離。

5 故意失敗以喚起母性本能

「故意失敗」是個好技巧，例如，在刮鬍子時，刮傷了自己。

或是故意讓自己的手被門夾到，然後表現出非常疼痛的樣子。光是憑著這一點，你們之間的距離就會一下子拉近許多，這是因爲女性以母性本能對應的關係。想想小時候跌倒的情形。

「不痛，不痛。」

母親溫柔地拉著自己的手疼惜自己的記憶，此刻必然會甦醒。這時她面對的是個大男人，心裡會升起要溫柔照顧對方的心情，於是或許她會說：

「啊！眞可憐。」

也許她會拉起你的手揉一揉，輕輕地撫摸你臉上的傷痕也說不定。喚起女性的母性本能，是追求女性的技巧。

或是在上下樓梯時，故意少跨一階而跌倒，這時可以藉機抱住心儀的女性。當然，這種手段不可以經常使用，只要用一、兩次，一定可以成功。

另外還有這種「故意」，故意約在比較吵雜的時間和場所約會。因爲置身在擁擠的人群當中，所以兩個人會不自覺地手握著手。

如果是在大都市，要找到這種比較熱鬧的場所當然不成問題，但如果是比較平常的地方，就比較難找到這種吵雜的場所了。這時可以活用上下班的巔峰時間，或是在車站前、電影院、運動場等人較多的地方。更好的是運用節慶時的混亂。只好活用「故意」，你們就能一舉加深親密程度。

♠♠♠♠

【讓她喜歡你的一句話②】——「自己進行告白，覺得很不好意思。」

你一面不好意思的笑著，一面說這句話，那麼她一定不會生氣的。

因爲你的舉動讓她感覺你是沒有經驗的，尤其在年長的女性看來，她們很喜歡這種類型的男性，覺得你很可愛。當男性對女性這麼說之後，再稍微具有壓力的說道：「請妳和我交往」，我想應該沒有女性會拒絕的。

♥♥♥♥♥♥♥

6 試試看拜託她「為我做一次便當」

「拜託拜託，這次就好了，我眞希望能吃到妳親手爲我做的便當。」

有些男人不管碰到哪個女人，都會這樣告白，他會告訴對方，自己很早就離開父母，獨立生活，自己在外用餐，眞希望能吃到一次女性親手爲他做的便當。

讓人驚訝的是，他這樣的說詞已贏得好多女性親手爲他做的便當。更不可思議的是，他和這些女性都維持著非常良好的關係。

這也是刺激女性母性本能的絕佳方法。事實上女性的潛在意識中，也有希望爲男性做便當的慾望，但因爲還沒有這種男性出現，所以無法付諸行動。對於雖不是戀人、一直外食的男人，她會認爲對方很可憐，而寄予同情。

女性有將愛與同情混爲一談的傾向。

在爲男性做便當的情境中，也許會忘記最初基於同情的心情，不知不覺中，加入愛情的因素，爲對方準備好吃的東西。

當然，吃到女性便當的男性，也會懷著感激的心情，對女性所做的便當加以評價，感謝她的招待。這時女性會覺得男性的味覺和自己非常吻合，而重要的價值觀一致了，兩人的感情也就加深了。這時男性可以這麼說：

「眞希望下次可以到妳家吃吃你親手做的菜。」

當然，也許她會給予善意的回應。從一個便當開始，你們不用花多少時間，就可以達到男女朋友的關係了。

7 在雨天淋雨跑向她是最高超的技巧

在約會的午後開始下起雨來，這時，有個淋成落湯雞的男子跑過來。

「哎呀，怎麼了，怎麼淋成這樣？」

「今天我從一早就到外面跑業務，沒想到下了這麼大的雨。」

「那眞是很糟糕。」

她會覺得很心疼，於是拿出手帕爲你拂去肩膀上的雨水。這時女性會認爲：

「眞麻煩，怎麼淋得這麼濕，好討厭哦。」

絕對不會！不但不會，而且在這一瞬間，她會像很體貼丈夫的太太般，拿出手帕拭去男性肩膀的雨水，充滿幸福的感覺。

在這短短的時間裡，可以和她共撐一把小雨傘，這對你們有非常正面的作用。如果這是你們的第一次約會，則女性會覺得這是命中註定的。

像這樣讓女性覺得自己好像在做太太該做的事時，會使你們的親密度大增。

當你從外面跑業務回去時，對旁邊的女性職員小聲地說：

「眞對不起，可不可以倒一杯水給我，我要發燒了，剛剛才去藥房買藥。」

聽你這麼說，女性會說道：

「那眞糟糕，我立刻去幫你倒水。」

她會溫柔地照顧你，如果接著就要下班了，她甚至會到你的宿舍去探望你。

即使是之前不太熟悉的同事，但因爲這件小事情，你們之間也許就會燃起愛的火花，你可以在這方面下工夫看看。

8 雷雨天正是誘惑的大好時機

看見夏天的亂雲，女性會聯想到男性的性器。

晴朗的天空中出現激烈變化的亂雲，這對於欲求不滿的女性而言，眞是會不自覺地嘆一口氣。

因此，在有雷雨時，才正是大好機會。你應該注意氣象報告，選擇雷雨會發生的日子，這時或許會有好機會造訪。

「不好了，妳看那雲好大，看起來滿恐怖的。」

「咦，是不是要變天了？」

「沒問題的，如果妳會怕，抓著我就不怕了。」

你們之間若出現這樣的對話，就不需要任何技巧了。

如果要和女性有良好的關係，則選擇天氣不好的日子，是重要的關鍵。在下雨的日子，也許你們可以共撐一把小雨傘，而在偶發的西北雨中，也許你會和未來的女性相遇。

因此，在你的袋子裡，應該隨時準備一把摺疊傘，要是再加一條新的手帕就更好了。只要帶了這兩樣東西，你就比其他男人多了兩倍的機會。

造訪別人家時，惡劣的天候也是有利的。也許你造訪別人家時，他的太太還會爲你擦拭身上的雨水。

光是一條小小的手帕，就能使你深受女性喜愛。

9 對任何女性都能成功的親吻法

利用面相學，可以玩個遊戲。你們可以在吃飯聊天時，玩玩這個遊戲。

「眞的很奇怪耶，臉的長度和手的長度剛好一樣。只要量量從中指指尖到手部彎曲的線，就可以知道臉的長度。」

「咦，眞的有這種事情嗎？」

「如果妳不相信，那我們就來試試看。」

你一邊說，可以一邊用餐廳的濕毛巾量量看，量完以後，再移往臉。

「咦，眞的一樣耶。」

「那我們也量量你的吧。眞的一樣耶！」

「眞不可思議。」

「還有更不可思議的，從右耳到左耳的長度，可以知道男女之間的相合性。」

「眞的嗎?」

「要不要試試看?量看看妳臉的寬度,那就可以知道妳和哪一個男性相合性最好。」

也許你周圍的男性會很認眞地參加。

「好,現在我要量了,請你把眼睛閉起來。」

女性照著你的話把眼睛閉起來,嘴唇在毫無防備的狀態下,和準備接受對方親吻的嘴唇很類似,這時候你可以做出假裝要親吻的動作。

「哇,妳和我的相合性最好。」

或者你也可以用另一隻手指,輕輕接觸她的嘴唇,「啾」地發出親吻的聲音,這時應該會得到滿堂喝采。當然,女性這時一定會生氣,但生氣過後,也一定會笑出來。

如果只有兩個人在安靜的酒吧做這個遊戲,你可以眞的輕輕地給她一吻。因爲是在遊戲的狀態下,所以她應該不會生氣。

10 用指尖輕戳她的臉頰……

讓浪漫的女性喜歡自己的方法，還有用手指「輕戳」的愛情表現方法。

以手來表達的愛情表現，一般來說只有握和撫摸這兩種，幾乎所有男性也只知道這兩種方法。和親吻一樣，大家都知道輕觸對方的嘴唇、撫摸對方的嘴唇、吸吮等等技巧，但這裡請你再加入一種，即「輕戳」的手法。

例如，用指尖輕戳她的臉頰，她一定也會反過頭來逗你，然後你也可以加入「捏」的方法，用大拇指和食指捏對方的鼻子、耳朵，就這樣子摸摸捏捏。

通常分手說再見時，會在對方額頭親吻一下，但如果彼此之間親密關係未到這種程度，也許只握握手就互道再見。這時不妨在對方臉頰輕輕戳一下，對她說：「再見。」——

她一定會表現出你意想不到的開心，這時與其用指尖輕戳，不如用指腹碰觸她的臉。

你知道嗎？這也許就是在告訴她：

「妳是我的。」

更可以這麼說：

「在我們下一次約會前，妳都不可以花心哦。」

然後用中指輕戳她的臉和額頭，光是這個舉動也許就會讓女性覺得：

「對，我不可以做對不起他的事情。」

這可以讓女性產生這種錯覺。

和接吻的道再見方式不同，你可以輕輕地說這些話，然後在她的臉頰上戳兩、三次，就好像麻雀在吃餌一樣，這會使你們之間的關係急速前進。

♠♠♠♠♠

【讓她喜歡你的一句話③】——「我是男人，所以只要我喜歡的就會說出來！」

坦率的向她進行告白吧！從正面盯著她的臉看，她絕對沒有辦法逃走的。

在這時候，立刻反應『我討厭你』的可能性，我向你保證絕對是零。她反而還會因爲男性的這句話而感動，不知不覺的感到「我真高興」。如果你只想和她玩一玩的話，就輕輕鬆鬆的製造這種氣氛吧！

♥♥♥♥♥♥♥

11 兩個男人同行比較容易追求女人

看電視綜藝節目時，有時會發現，歌手兩人搭檔爲一組出來表演時，比較受人歡迎，效果也比較好。

參加宴會時，如果只有你一個人，比較不容易向女性搭訕，如果兩個人在一起，也許膽量就增加了，因此，你們可以成組行動。

只不過你們兩人喜歡的類型最好正好相反。當然，對女人的興趣完全不一樣，彼此會選擇不同類型的女性。這種感覺非常幸福，而且令人不可思議的是，女性會覺得兩人都是可以放心的類型。

「我比不上他，我沒有他那麼好。」

「我這麼說，好像是太逞強了。」

像這樣謙虛的說法，反而能贏得女性的信賴，這也是兩人組的威力。

如果你有這樣的好朋友，那麼立刻就可以變成好搭檔，不管到哪裡去，都兩人一起行動，兩人一組可以發揮非常大的威力。

12 害怕時就會希望肌膚接觸

今天第一次和她約會，覺得她非常可愛，想要追求她，但又怕被拒絕——這時候有個好方法，百分之百可以讓她主動來握你的手，把身體靠向你。

「哪有那麼好的事？」

千萬不要從一開始就懷疑，這當然也需要好奇心與努力。

說穿了，就是在發生事故、爭吵、火災等處湊熱鬧。在繁華都市的街道上，每天一定都有爭吵、打架的事情發生，走在這類地方，就算沒有碰上什麼大事情，但一定會遇上一些小事故。

選擇約會場所時，可以考慮公園、遊樂場等地方，此時可以將思考做一八〇度的大轉變地探詢對方，問對方「要不要去事故發生地探險」。如果你提議要帶對方去殺人事件發生的地點看一看，她雖會表現出拒絕的姿態，但也會有好奇心。

因爲她以前交往的男朋友中，應該沒有人對她提過這種事情。

當然，提出這樣的建議並不是容易的事，必須經過周詳的計畫才可以。例如，可以特意到最近事故發生的地點附近用餐，然後假裝什麼都不知道地話題一轉，說道：

「對了，某某事件好像就在這附近。」

當女性在聽或看「恐怖」的事時，就會不由自主地向男性靠近。

也許你不會詳細地看報紙上的社會版，結果就失去了很好的誘惑機會。

♠♠♠♠♠

【讓她喜歡你的一句話④】——「每個星期五的晚上，請妳把時間空出來。」

「可是我……」

「沒問題的，妳只要不談其他事情就可以了。」

這樣子，應該會對她的精神造成相當的負擔。每到了星期五，她的內心就會顯得非常浮躁，但往往無法面對你。不久之後，你再度邀約她一次，這會讓她的罪惡感消除，她應該會答應你的。

♥♥♥♥♥♥♥

13 喚起她的興奮意識，讓她好像要緊緊抱住你

你想過爲什麼要一起去看電影嗎？以前說到談戀愛，爲了激起浪漫的氣氛，就會約女性去看電影，但最近女性就不是這麼「好拐」的了。

也許是大家已經習慣從電視上就可以看到很多電影以及好的電視劇，所以即使好不容易看完一部電影，也很難成爲兩個人的話題。

這時候，建議你帶她去看看能讓人興奮的畫面。

㈠性、暴力的。

㈡速度、怪異、異常現象的。

這和我們到遊樂場去，玩一些刺激的遊戲，或是到鬼屋、看拳擊的體驗是一樣的，這種充滿男性化的遊戲，也會令女性沉醉。

如果要在討論電影、文學、藝術上打轉的話，那麼男人也許會輸給女性，這時候應該選擇較富男性強度、刺激的項目。如果女性說：「我不想看這些」，那麼你就應該立刻停止，把金錢和時間用在別的地方。

老實說，在這個時代，與其約女性去看人爲的電影，倒不如帶她去看活生生的經驗與食物。儘量提供新奇的興奮材料，才是引誘女性的技巧。

14 女性在經過母校時會立刻變成大人

有一些女性會在很平穩的狀況中，突然表現出令人驚訝的行動。

「啊，這是我的母校，想想那時候還眞單純哪！」

你是不是遇到過這種情形？

「那麼妳是說現在不單純囉？」

「對呀，現在很邪惡。」

她會這樣出人意料地回答你。

男性經過自己母校時，也會出現一種鄉愁，會緬懷學生時代，表現出來的話語幾乎都是：

「那時候敎我的老師不知道怎麼樣了，坐在我隔壁的那個傢伙也不知道怎麼樣了。」通常都是勾起當時老師、朋友的記憶。

然而女性就不是這樣了。她的記憶會復甦，會把當時和現在做個對比。

如果說自己已喪失清純，這是屬自虐性的回顧，也許會想學生時代都沒有成長，現在得趕緊成長。不管怎麼說，這對男性而言都不是壞事。

此外，她也會想起其他人的事情，比如讀書、就業、結婚等等，然後再想到自己現在的生活處境。

如果有車，你可以假裝不在意地開車經過女性母校，或是開車出去兜風時，可以到小學校園一角佇足，兩人一起聊聊天。

這時即使你不經意地親吻一下她，相信她也不會反抗的。想起小時候的日子充滿酸甜苦辣，這時感情會先理性而行，不妨試試看。

♠♠♠♠♠

【讓她喜歡你的一句話⑤】——「請盡量吩咐我吧！」

這時你可以很自然的使用「便利男孩」這個名稱。

你告訴她，你有汽車、機車、有兩隻腳。聽你這麼一說，她一定會不自覺的笑了出來，而且她會希望把你放在她附近。這對年長的女性特別有效。

♥♥♥♥♥♥♥

15 在路邊或公園的遊樂器材

在小公園，有時候可以看見年輕男女在那裡盪鞦韆。溜滑梯、吊單槓等等，即使一個人也能玩，但盪鞦韆、翹翹板就一定要兩個人才能玩了。這些玩具如果只讓小孩子佔領，未免太可惜了。

即使沒有公園，路邊也有可玩的遊戲。找找已經損壞的欄杆柱子，比賽單腳站在柱子上，看誰站得比較久。還有類似丟沙包的遊戲，可以在路邊撿些小石子，看誰丟得比較準。

這些都能勾起幼時遊戲的回憶，多半沒有女性會不喜歡。如果有松葉，也可以彼此拉松葉，進行松葉相撲。

如果有竹葉子，也可以用竹葉子摺一艘小船送給她。

「妳想讓這艘小船帶著妳到哪裡去呢？」

女性雖在大都市裡上班，但這時候她或許會想起家鄉的小河流，或者她會說想去迪士尼樂園、遊樂場等，也都可以，以此爲伏筆，兩人就可以開始討論，下次要到哪裡去玩，這樣你們的感情就會進展得很迅速。

「汽車車號的最後一個數字如果是偶數，就要讓我握妳的手。」你這樣逗她笑，接著再拜託她，「如果十位數字讓我猜中了，妳就要讓我親。」

這些當然都只是前戲，彼此愈聊愈愉快，就可以度過不只一個小時的親密時光。

如果只是沈默不語，女性當然是不會興奮的，女性通常會認爲，應該由男性主動找一個話題來聊。不要呆呆的，不知道講什麼才好。

好不容易把她約出來了，所以你一定要絞盡腦汁讓她快樂。現在千萬不要疏於下工夫，多研究有什麼可以讓她高興的話題。

♠♠♠♠【讓她喜歡你的一句話⑥】——「要不要嘗一嘗自由戀愛的滋味呢？」♥♥♥♥♥♥♥

重點就在於『自由』，如果對方聰明的話，她一定會被你吸引的。

有些女性會反問：「什麼叫自由戀愛呢？」越會這樣問的女性，就越會投入你的懷抱，這時，你可以對她說：「就是要不要試試看奪愛呀！」

16 利用記事本或手錶等小道具引起女性關心

在談話時，可以拿出隨身記事本、手錶、小包包等等，說道：

「對了，上星期四晚上我們公司附近好像發生什麼事故。」

「咦，眞的嗎？」

有時候在中午休息時間，會有這樣的對話，這時候你可以說：

「上星期四的晚上，到底在做什麼？」

然後一邊拿出自己的記事本看看。這時，女性應該也會想看看你的記事本。

「哦，怎麼一片空白，你沒有約其他的人嗎？眞可憐。」

也許她會對你寄予同情。

「噢，你的記事本寫得還眞整齊耶，我得要重新看待你這個人了。」

也許她會這麼對你說。

這時，如果你不從袋子裡拿出像記事本這種小道具，那麼有關事故的話題，也許就此打住了，你們也就無法進一步發展。

一個小小的道具，可以讓你們的關係急速親密起來。

你可以將記事本攤在她的面前。

「我下個月的這天、這天和這天都有空，我們一起吃個飯好嗎？」

以這樣的方式邀約女性。

「我知道妳一定很忙，但可不可以撥個空呢？」

通常女性都不會討厭這種邀約方式。

「好吧，那就這天吃個飯吧！」

有些女性會很乾脆地就這麼決定。

你也可以拿出手錶，試著引誘她看看。

「今天晚上我又要跟這個手錶寂寞地一塊睡覺了，啊！可不可以和我約一次會呢？」

不只是約會而已，利用手錶和記事本，還間接地訴說了你的寂寞，容易博得女性的同情。

前面已經提到過，女性很容易錯將同情當做愛情。

當女性開始投入的時候

17 讓女性成爲名人的願望得到滿足

你是不是好好地利用電視了？最近很多節目都會介紹遊樂場所或美食餐廳，很意外地，女性之間常常會以此爲話題。

當美味的料理出現在電視上的隔天，在午休時間這常常就會成爲女性的話題。反過來說，最快到這家店去的女性，在同儕間就會成爲最受歡迎的人。

在以前，不管是流行什麼吃的或是最有名的電影，只要是第一個去看、去享受的女性，在團體裡就會成爲中心，但是現在——

㈠到成爲話題的遊樂場或商店去。

㈡見到時下最受歡迎的明星。

㈢購買最新的外國貨。

能夠實行這三點的女性，會成爲英雌。有關於這一點，只要看電視，男性也可以蒐集到情報。

如果你喜歡的女性對某一個明星特別感興趣，你就可以對她說：

「我們到可以碰到某某的店去，好不好？」

或是——

「可以到電視台去看看，我有朋友在那裡工作，我們可以到裡面的咖啡廳。」

不妨這麼邀約她，我想她會很高興的。

一般男性是不會這麼熱衷電視的，但女性就不一樣了。女性有一種「成爲名人的願望」，能夠和演藝人員碰面，能夠上電視演出——擁有這種夢想的女性，比你想像的多得多，只不過沒有說出來罷了。

你必須察覺這種心態，先下手爲強。她們對報紙上的政治新聞、經濟新聞不太在乎，如果你只看報紙的這些版面，對你追求女性是不會有什麼幫助的，也許只會惹得她生氣。

年輕人應該看看對自己有用的事情或節目，暫且把硬生生的新聞擺在一邊，看看女性比較有興趣的節目吧！

如此一來，即使是不擅說話的男人，也容易進入女性的談話中。

18 乾脆以人妖或男妓爲話題

因爲資訊充足，女性在雜誌上都可以看到性事報導，因此，她們說話都非常開放了，而且電視節目中也常出現男同性戀者、女同性戀者、人妖等等，原來被視爲禁忌的性，現在感覺上已經沒什麼了。

因此，有時候你也必須加入這種有色的交談中，不過這時最好只將話題放在人妖和男妓上面。通常只要男人一談到和性有關的話題，比較端莊的女性一定會皺著眉頭。當然並不是這些女性討厭與性有關的話題，而是她們會想，眼前這個正在說話的男性，是不是就是這樣的人。

在這樣的狀況下，有關男妓與人妖的話題不但能滿足女性的好奇心，也不會對別人造成任何麻煩，況且她一定也會覺得很好笑。

了解這些事情的你，便會一躍成爲席上的中心人物。

你可以用大拇指和食指圍成一個男人性器能夠插入的圓，然後以此爲話題說，很多男性就是被這個假的女性性器欺騙了，或是男人只要鑽進這個洞裡，就再也逃不出來了，諸如此類的話。

不可思議的是，女性聽到這些話時，會有和你很親近的錯覺，而且甚至會有種衝動，想和你兩個人獨處，再聽詳細一點。

那麼，你是不是應該立刻去加強這方面的知識了？

【讓她喜歡你的一句話⑦——「我是很好用的男人喔！」】

你不妨說「我各方面都很强喔」，來逗她笑。即使她說「免了」，而拒絕你，但是對方絕不會對你懷有惡意。就算你一直黏著她，她也不會趕你走。

最近的女性，很討厭無聊又只會講道理的男性，遇見這種男性，會使她們一直想逃跑。她們喜歡的是開朗、輕鬆的男性，而且會很樂意將這種男性介紹給自己的朋友。千萬不要說一些太嚴肅的話，說一些輕鬆的話讓她們開心吧！

19 在很多人聚集之處提出愛與性的話題

有幾個男女聚集在一起時，乾脆試著以愛與性爲主題來聊天。

「我已經讀過最近很暢銷的那本小說，它的確是很有趣的性愛論。」

也可以以電視劇爲話題——

「第一次看到這種女老師與男學生的愛情故事，時代眞是不同了。」

不斷地提出新的話題，這時女性會感覺到正以「愛與性」爲話題，因此，不管是誰都會很認眞地聽，甚至會對這個話題提出自己的意見。

然而，女性最有興趣的，還是在於男性說話的方式。他是如何表現愛與性的話題呢？她會豎起耳朵好好地聽，如果覺得這個男性說的話很下流，她們就會敬而遠之。相信在座也正好有這種男性，所以這也正是測驗的好機會。

這時，也許有些男人不會注意到這些事情，不在意地以不好的態度說：

「那也是一個願打一個願挨呀。」

或是說：

「那個男的也是不得已的呀！」

這時你雖然並沒有說什麼特別討好女性的話，只是沈默不語，但相對的，你看起來就比別人好多了。

只要有一次在這種公開的場合以愛與性爲話題，之後在只有你們兩人的約會中，也是非常有利的。因爲在你們第一次約會時，是不可能談論愛與性的話題的，但是因爲之前已經有了談論的經驗，這時就可以接下去談論。

女性藉由這種話題，可以消除對性的欲求不滿，所以她應該是不會拒絕的。只不過如果你的態度帶有輕視或半開玩笑，就反而會使你受傷。

20 血型、星座的共通點可以增加你們的親密度

你的周圍是否有血型和你一樣的女性？如果因爲血型一樣而有共通點，就能增加你們的親密度。就血型而言，相同的血型會有相同的氣質，尤其女生對血型相同的男性會懷有親近感。

有些女性對研究血型非常熱衷，例如A型和B型結合是怎樣，B型和O型結合是怎樣等等，有人自稱是這方面的專家，如果你喜歡的女性是這樣的人，那麼你就得好好加油了，必須好好研究血型，才能和她談得很投機。但有的女性對這一點興趣也沒有，所以你可得弄清楚。

不懂得如何和女性交往的男性，多半是將對方引入自己的話題，不會想辦法配合對方的話題，就算提出血型這種話題時也是一樣，只會自己高談闊論，不管她在說什麼。

「白金雙巨獅處秤蠍射魔水雙」，這樣的記法有時候可以發揮效果，其實這些是各星座名字的開頭字，這樣可以把白羊座、金牛座、雙子座，一直到最後的雙魚座都記下來。

如果了解了這些，就可以把它帶入女性的生日裡。

「我是雙魚座，妳是什麼星座？」

女性雜誌裡大多都有星座占卜，因爲女性很喜歡這種占卜。大概沒有女性不知道自己的星座吧！

「我呀，我是天蠍座。」

「哇，那好可怕呀，雙魚座的我不就會被妳殺掉了。」
「對呀，我是『天蠍座的女人』。」
「哦，那妳是十一月生的囉。」
「你很了解嘛。」
像這樣子，她就會認為你是「談得來的男人」。因此，你必須盡量配合對方說話。

♠♠♠♠【讓她喜歡你的一句話⑧】——「妳要不要壞一下試試看呢？」

對於喜歡玩的女性，可以說這一句話，好像你是遊玩高手一樣。如果她說「不可以」的話，那麼你可以順便問她：「喔！妳不喜歡壞呀？」

然後你也可以說：「雖說是壞，但也只是傻傻的壞而已！」這句話來逗她笑。現今的女性，對於能夠大膽的進行宣言的男性，多半懷有好感。而且她會想嚐嚐『壞』的箇中滋味。

♥♥♥♥♥♥♥

21 懂得面相能使女人願意跟著你

如果你懂得面相學，那麼在很多場合都可以玩面相的遊戲，例如雙手粗得與頸子的大小是一致的。

「現在就來做做看吧！」

不管是用繩子或兩手手指，都可以測量。

「哇，我的脖子比較細耶。」

其中也有些女性會回答：

「我的脖子比較粗。」

這時你可以氣定神閒地說道：

「脖子比較細的人是處女，比較粗的人就……」

光是這句話，就可以讓現場的氣氛熱絡起來。

「爲什麼？」

「在那時候會出聲音叫，因爲喉嚨太用力，所以脖子會變粗。」

這時一定會惹得大家哄堂大笑。

「可是我一定不敢和○○在一起，一定很危險。」

「你眞討厭，什麼危險！」

「因爲妳的鼻翼很豐滿，這樣的女性奶頭很大，嬰兒很容易吸奶，所以很容易一不小心就懷孕了。」

「這麼說，鼻翼小就不容易生小孩囉？」

「沒錯，那麼妳願意爲我生小孩嗎？」

「討厭，但這種事也說不定哦，現在我還不能確定生耶。」

「好吧，那我們就去偸情一次吧。」

這類話題會使得氣氛很熱絡，而且一定會有女性私下找你，問她的運勢。有很多在別人面前無法問的問題，在只有兩人相處時，可以輕易地問出來。

22 爲了找出「交往的女性」而學手相

來學學手相吧。利用占星術或四柱推命、紫微斗數和女性接觸的可能性比較低，看面相也比較容易觸及別人的缺點，所以也行不通，如果是手相，就比較簡單了。

「想看什麼呢？」

幾乎所有女性都會回答：

「婚姻。」

如此一來，話題就有向性前進的可能。

「結婚前可能會和男性發生一些糾紛。」

這種表現大概什麼女性都可能碰到，所以應該是對每個女性有效，每個女性都會注意。這時候你不要看她的手相，試著問她：

「妳也有這方面的困擾吧？」

當然有人會回答「沒有」，也有人會回答「有」。對回答「有」的人，你可以再仔細地追問她：

「那我再幫妳看詳細一點。」

在交談過程中，你可以了解這名女性和她正在交往的男性之間有什麼困擾、什麼問題存在，可以建議她：

「婚前最好不要有性行爲。」

你可以以關心的口吻這麼對她說。

「我倒是沒有。」

有些女性會這麼說。你可以答道：

「以後也千萬要小心！」

這麼說會讓她感到安心。

「哦，眞的嗎？那怎麼辦？」

也有女性會不安地反問。

「那妳一星期幾次呢？」

這時可以觸及更深入的話題。像這樣，盡量以商量的口吻和對方交談，則在不知不覺中，她就會把你當成是她的男朋友。

在這種場合談的手相，也許十個人有九個會說「不準」，但只要有一人成功就夠了。

23 和她共有小秘密

如果能夠了解她的小秘密，那眞是如魚得水了。在百貨公司或超級市場，比較惡劣的警衛如果發現有女孩子偷竊，也許會以此爲把柄，威脅女孩子必須和他在一起。

這是犯罪的情形。有時你可能看到她一人在哭泣，或是她一人獨自用餐，如果你們共有小秘密，就會讓你們的關係更密切。

但是這種偶然是很難期待的，這時你不妨先說出自己的小秘密，讓她覺得和你有同伴的意識。

例如，你接到了好像是課長女友的異性打來的電話，之後又看見課長一人獨自在街頭走著，於是你尾隨他，看到了他和某個女性約會的鏡頭。你可以告訴她這些秘密，如此一來，她會有共犯的意識。

也許不久之後她會對你說：

「我也接到很奇怪的電話。」

這時候，她會覺得自己好像徵信社的調查員，感覺到很興奮。

或是某某人好像對某某人有意思的傳言。女性對公司內這樣的傳言非常敏感，如果你對這樣的傳言有反應，她會覺得你是站在她這邊的。

不管怎樣的小事情都可以，只要有個開頭，就可以加速你們之間的親密關係。

電影裡不也常常看到「女性雖然沒有和男性一起犯罪，卻和男性一起亡命天涯，最後連自己的命都送掉了」的情節。與其說她愛這名男性，不如說她有和男性擁有共同秘密的意識。這種意識的力量非常強烈。

♠♠♠♠♠

【讓她喜歡你的一句話⑨】——「對我而言，妳就好似高山的花朵一樣。」

「哪有這回事！」大部分的女性會這麼回答，因爲一開始就受到最高的稱讚，所以理論上，她一定會否認。但是，如果她這樣回答的話，至少代表她無法拒絕。你已經將女性放在困難的立場了。

而如果對方回答「真的嗎？」那你大可放心，這位女性是逃也逃不掉了。

♥♥♥♥♥♥♥

第二章

使女性「歡喜」的訣竅

掌握女人心的說話術

24 詢問最想要的東西也可以誘惑對方

「妳最想要的是什麼？」

這也是種誘惑方式。乍聽之下，好像不是在誘惑她，但藉由她的答案，就有自在地引誘她的機會了。

「是鑽石吧！」

「愛情。」

答案各式各樣都有。接著女性應該也會反問男性：

「那麼林先生，你最想要的是什麼？」

這時你可以斬釘截鐵地答道：

「是妳。」

這時候她的內心應該會失去平衡。自己不好主動說出口的話，因爲她問了，就可以輕鬆自在地說出口。

「開玩笑吧？」

如果她這麼說，你就可以接下去說：

「我是認眞的。」

再也沒有比這個更方便的方法了。進一步你可以告訴她：

「如果妳最想要鑽石，我送給妳吧！」

你要下定決心這麼說。女性十分禁不起這種對話，逃也逃不掉。

但是如果可能，最好用在年紀較長或和你同年紀的女性身上，因爲如果她年紀太輕，可能會笑一笑就逃走了，不然就是她要的東西可能是留學資金、白色的別墅等等，這些都是你不太可能做到的。

關於這點，達到某個年齡以上的女性，說出的願望會比較現實、具體，你們的會話可以很順利地進展。

25 「再」這個字十分具有魔力

「眞想再去那個地方。」

「眞想再去找找有什麼好玩的地方。」

「眞想再見到妳。」

只要這些話說出口，就很清楚表達出正期待著下一次的約會。在這種情況下，幾乎所有女性都不會拒絕說：

「哦，不了。」

通常她們會肯定地說：「哦，是嗎？」或是「我也很高興」、「好啊」，這可說是說話術的初步。只要你們認識了，而且你很喜歡對方，那麼你一定要盡全力地訂下下次的約會。

許先生在他第一次約會的隔天，她打電話給他：

「我們下次什麼時候見面呢？」

這時他很沒有自信地說：

「我們再用電話聯絡吧！」

這樣的話，在她成爲他的女朋友之前，就會被別的男孩子約走了。

我們可以說：「男人失戀有九〇%都是因爲動作太慢了。」你想要得到的女性，大概別的男人也想得到，所以動作絕對要比別的男人快。

這時「再」的表現是十分重要的。

不可思議的，女性不但不討厭「再」的要求，而且反而非常高興。性愛也是一樣，跟她說：

「眞希望再一次。」

這樣女性會覺得自己是被愛的，而且由內心深處湧現自信，覺得自己非常有魅力。

所以，要常常在女性耳朵旁邊說「再」、「再度」、「再一次」，這是成功的秘訣。

26

約對方時若不是用強而有力的大膽言詞就沒有意義

「如果妳有空，要不要一起去喝一杯？」

像這麼充滿顧慮的口吻，大概約一百年也約不到人吧。最近女性很習慣被邀約，以普通方式去追求，是不能打動她的心的。

「好，我們一起去喝咖啡吧。」

「如果妳不去，那我也不去。」

如此大膽而積極的引誘，才是有用的。爲什麼這種方法很有效？因爲這會使男人看起來雄糾糾氣昂昂，雖不是強迫，但強而有力的言辭很難教人拒絕。

被邀約的一方也一樣。如果你心中有所顧慮的邀約，則對方會認爲「這個人眞的對我懷有好感嗎？」她會有這種不安的心理。就女性心理來說，在被邀約時，都是想說「ＹＥＳ」的。

雖說如此，但她內心也會有各種不安、懷疑，她會想這個人眞的値得信任嗎？這個人對我的好感到什麼程度？

如果一開始你邀約的力度無力而微弱，那就無法驅散女性這麼不安或懷疑，因此，邀約時強而有力是第一訣竅，其次，當她說「YES」時，你可以溫柔地問她：

「會不會造成妳的困擾？」

這就是第二訣竅，這能讓女性安心。接下來，就看你的服務了。

♠♠♠♠♠

【讓她喜歡你的一句話⑩】——「是想要的東西，就會熱衷的追尋。」

「要不然，這樣子可以嗎？」這句話就表現了你非常熱衷的意思。

「有點傷腦筋耶！」

大部分的女性都會這麼回答，但事實上，她們並不一定真的傷腦筋。怎麼說呢？因爲，你並沒有明白說出「你想要什麼」，以這種委婉的表現來玩文字遊戲也很有趣，這應該會使知性派的女性高興。

♥♥♥♥♥♥♥

27 隨女性的視線改變邀約的言辭

有一句話說，眼睛比嘴巴還會說話。尤其對女性而言，戀愛的字眼很難從嘴裡說出，但眼睛卻說出了一切。

女性的視線中含有各種意義，沒有經驗的男性是很難明白的，這時只要記住基本重點就可以了。

你先想想看，當你遇到很嚴重的問題時，你的視線怎麼擺？一定是向下吧。當你心情不好時，我想你的視線一定不會向上。

女性也一樣。你看出女性正憂鬱的時候，可以問她：

「妳在擔心什麼事情？」

她會很吃驚地說道：

「你怎麼會知道？」

同時，你必須立刻表現出同情的表情。相反地，當她的視線向上，眼珠骨碌骨碌地動的時候，就表示她非常活潑，這時如果約她：

「我們去什麼地方玩吧！」

她一定會答應的。眼睛代表內心的動向，只要注視眼睛，幾乎可以解讀各種心理狀態。

當女性以往上看的眼光注視你時，她應該一點也不憂鬱，換句話說，這是「開朗」的視線。

即使她不是簡簡單單地就答應你的邀約，但也一定表現出希望你約她的意思。團體聚會時，有時候會發現這樣的女性，這就是大好機會。

反之，眼睛向下看的女性，可能在想：

「沒看過這麼蠢的男人。」

這種女性有優越感，你最好不要去約她。

28 不斷說出使女性困擾的言辭

「妳眞古板。」

乍聽到這句話，大多數的人都會予以否定：

「怎麼會？」

不知道爲什麼，大家都討厭被認爲古板，女性也一樣。

「會嗎？我不認爲呀！」

她會提出反駁，這就來到重點了。

「那麼親吻呢？要不要和我親吻？」

你可以如此向她逼近。

「那另當別論。」

她當然會逃走。可以發揮和「古板」一樣效果的是：

「妳變了。」

女性會把這句話往好的方向解釋。

「哪裡變了？」

她會很愉快地反問你，這時候你就可以對她進攻：

「因爲妳連一個吻也不給我。」

這當然也會讓她困擾。這種會話一點道理也沒有，只不過配合當時的氣氛，可以使用各式各樣的話。

「妳是屬於什麼話都和母親商量的類型嗎？」

「不是，大部分的事情由我自己決定。」

「那接吻呢？」

「咦？」

這也很有趣的「進攻」方式。

或者是——

「今天妳會在妳家卸妝吧？」

「當然啦。」

「那麼，妳今天的慾望也會在今天處理嗎？」

「眞可惡。」

像這樣子，連續說出使女性困擾的話，很意外地，她也許會很簡單地就接受了你。

29 暗示對方「妳一定是個好妻子」

現在敎各位高度的技巧，但其實也不會很困難。如果在上班處有喜歡的女性，你可以對她說：

「妳一定會是個好妻子。」

一開始，她也許會回答你：

「是嗎？」

這時你就繼續對她說：

「妳是屬於照顧老公型的太太，老公一定會很高興的。」

這麼一來，女性也許會注意自己是不是眞的是這類型的，也許會繼續問你：

「照顧老公類型的妻子是怎樣的？男人都喜歡這種太太嗎？」

根據經驗，幾乎一〇〇%的女性都會這麼反問，因爲雖想結婚，但八字都還沒一撇，這是普通ＯＬ的想法。

有趣的是，女性並不聽抽象式的話，你必須予以具體的肯定，才能使她覺得有意義。當對方問：

「那麼林先生喜歡照顧老公型的太太嗎？」

這時她的心在無意識中，就會想成爲林先生所喜歡的女人的樣子。

接下來，再舉出照顧老公型的妻子的條件。

「哦，是這樣子的啊！」

她會陷入思考當中。

「也許妳自己沒注意到，但妳就是有這種氣質，所以我們都會喜歡妳。」

「是嗎？」

在她的腦海裡，此刻會浮現出照顧這個男人的景象，內心裡也充分對你懷有好意了。

「下次我們再慢慢談。」

「好呀，我還可以告訴妳很多。」

接下來的事，就很簡單了。

30 爲什麼間接告白可以使彼此的關係更親密

你可以以某樣東西做比喻，傳達你喜歡的心意。面對面傳達愛的言語有些困難，這時應該還可以說些其他的。

「妳今天穿的衣服顏色很漂亮，我很喜歡。」

「我非常喜歡妳住的那一帶。」

像這類情形，都可以輕易說出口，敏感的女性會了解這是一種愛的告白，是一種間接的告白，聰明的女性也會給予間接的回應。

「我也很喜歡你領帶的顏色。」

如此一來，就會彼此褒獎，也會使你們的感情有進一步的發展。

這種作法成立的背景之一，就是在心理學上稱做「好意的互惠效果」的作用。當一人被褒獎後，也會褒獎對方，但如果改以直接的說法：

「我喜歡妳。」

那麼，女性會很直接地拒絕你的好意。如果你間接地褒獎她，「我喜歡妳的什麼什麼」，她會很輕鬆地回過頭來褒獎你。這就是間接告白的巧妙之處。

「妳的做事方法非常好，令人看了非常高興，公司裡就屬妳的做法最好。」

「你做事也很俐落啊。」

像這樣，好像眞的就是在進行眞正的「喜歡」這種感情告白。即使是不太會說話的男人，應該也能說出這種讚美對方的話吧。

你必須事先想淸楚，對方有什麼地方能讓你說「喜歡」。

♠♠♠♠♠

【讓她喜歡你的一句話⑪】——「即使是可憐的愛也好！」

「我又不是聖母瑪莉亞！」

在經驗裡，只有碰過一位女性這麼回答。接下來，大家都會以不知是困惑還是高興的表情，想聽聽看接下去會說什麼？

「即使是對寵物的愛也沒關係！」如果你繼續這樣懇求她的話，相信她一定會答應的。這時自尊心可以暫時拋在一旁，最終的目的就是要和她交往。

♥♥♥♥♥♥♥

31 在讚美前千萬不要否定先前的事物

脫下冬天外套之際——

「春天來了，眞好。」

隨著梅雨季節的來臨，盛夏的太陽照在大地上，大膽的服裝也出籠了。

「夏天仍然是反映年輕的季節。」

可以對女性的變化予以褒獎，即使她失戀了，把頭髮剪短，你也可以對她說：

「嗯，眞是別有一番魅力。」

你必須比其他男性先說出這句話。改變裝扮、髮型的那個早上，她一定會在鏡子前面待很長的時間，雖然擁有自信，但應該也懷有某種程度的不安吧，這時候如果你早一點注意到她，她會覺得：

「這個人有注意到我耶。」

很自然地就會對你懷有好感。對方所使用的香水也一樣，當香味改變時，你可以說：

「妳的香水味變了。」

輕輕地如此詢問她。

「你怎麼知道變了？」

「雖然我不知道妳用哪一種牌子，但是，我覺得妳今天的香水味道很好。」

你要告訴她，你很喜歡她的香水味。

但這時候絕對不可以說她之前用的香水味道不好，應該對兩者都予以肯定：

「以前那種很好，今天這種也很好。」

如果不小心說：

「今天這種比以前那種好多了。」

這樣的話，女性應該會不高興。因此在褒獎時，也要慎選言辭，千萬不要有「否定前者，肯定後者」的情況出現。

32 與其說「妳的嘴唇很漂亮」不如說「我很喜歡妳的嘴唇」

「妳也許會成爲烹飪專家。」

也許她有很拿手的事，你可以針對這部分褒獎。

「那怎麼可能！」

她並不完全地肯定自己的能力。的確，女性很喜歡被讚美，但自己沒有自信的事情被讚美，她反而會有種屈辱感，因此，必須針對她最有自信的事情讚美。

有的男人很喜歡讚美女性的面貌或身材，實際上卻非常困難。對於經常被讚美的女性而言，也許會覺得理所當然，但如果不是經常被讚美的女性，她可能會覺得：

「你眞是胡說八道，拍馬屁。」

這就得不償失了。

在這種情形下，只有一種誰都可以說出的讚美話：

「妳最有魅力的地方就是妳的眼睛，眞的非常迷人。」

這是最具眞實感的讚美。事實上，與其讚美身體其他部分，讚美眼睛或嘴唇是最容易的。

就眼睛而言，除了非常細的眼睛之外，是沒有美醜之分的，嘴唇也是一樣。大嘴唇讓人覺得性感，小嘴唇讓人覺得很文雅，選擇哪一種，就看你的喜好了。

「我很喜歡妳的嘴唇。」

聽到你這麼說，即使是經常被讚美的女性，也不會覺得不舒服。即使你是很不會說話的男人，也一定會說這句話吧。

♠♠♠♠♠

【讓她喜歡你的一句話⑫】——「我們以前有見過面嗎？」

這種問法非常有效，因爲對方一定不敢肯定的說：「我們沒見過！」

「是在保齡球館嗎？」

「不可能，我不會保齡球。」

「喔！那沒關係，至少我們現在見過面了。」

在餐飲店時就可以運用這種對話，一定能使對方敞開心扉。

♥♥♥♥♥♥

33 玫瑰花束具有讓女明星也心動的魔力

有一名外國作家寫過，要讓女人百分之百愛的方法是「魂、花、心」這三樣。稍微想一想，這實在也是古老的方法，只要不弄錯季節，就可以充分使用。

說到「魂」，秋天是最合適的，在這個季節裡，會對人生深入思考，此時送她人生論或文藝方面的書，約她一起去參觀美術館的有名畫展，都不錯。

「花」則是愛的表現。百合代表純潔，橄欖代表和平，薔薇則代表純純的愛。女性之所以喜歡男性送花，並不是因爲花很美，而是因爲花所代表的語言。

有一個年輕朋友，在某舞台女星表演期間，連續一個月，每天都送她一大束玫瑰花，最後這名女星也感動得和她約會，當然後來如何就不知道了，但至少花束也具有打動女明星的魅力。

至於「星星」，它和季節沒有關係，只要是在夜裡，就具有意義了。不管在白天約幾次會，都比不上夜裡的一次約會。愛在夜裡會熊熊燃燒，不管對男人或女人都一樣。

有很多女人相信，星辰降臨的夜晚會使愛情更加堅貞，甚至會有女性將流星比做自己，感受到命運的轉變。女性對煙火也有和對星星相同的感覺，不管怎麼樣，你都不能讓這種大好機會逃掉。

要成爲邀約高手，絕對不能忽略這幾項，它讓你不必進行愛的告白，就表達出想說的話，應該好好活用。

使女性無法自拔的交往方法

34 若無其事地這麼做就可以讓女性主動靠近你

女性是「看到看不見的東西」的天才，因此，自古以來就很容易迷上占卜或宗教。而男人往往也有認爲這種女性很愚蠢的傾向。

「今天非早一點回去不可。」

「爲什麼？」

「因爲剛剛看見流星了。」

男人實在搞不懂，爲什麼看見流星和回家會有關係。

「什麼流星啊？這和回家有什麼關係？」

如果勉強地拉著她的手，兩個人的感情絕對無法順利進展的。這個時候，她是從星星得到了某種啓示，這不只是宗教方面的特別意義，或熱衷於占卜，而是在多數女性身上都可以看見的現象。

當兩人眺望著月色時，男性只是單純說道：

「好美的月亮啊！」

女性會覺得那還不夠。

因爲女性能「看到看不見的東西」，因此會全心全意投入。

「你看，你有沒有看見兔子在吃餅？」

「妳也看到了嗎？我也看到了。」

這樣你才能融入她的話題，她也才會感到滿足。她會認同這個男人，很快就和這個人有親近感。

你們兩人站在河邊，看著湖面，「看到」湖面上的船載著美人魚和仙女，看夕陽時也看到菩薩，經常看到平常看不到的東西，這樣的對話對你們很有利。

你們兩人的關係有進一步進展的時候，你可以抬頭看看天空的雲，說道：

「我看到空中寫著愛字，妳呢？」

意外地，你們的交往會非常順利。

35 女人禁不起貴族氣氛的誘惑

與其說女性喜愛豪華，不如說她們禁不起貴族氣氛的誘惑，因此，她們會憧憬西班牙式的建築，或是法國南部的城堡建築，這到底是爲什麼？

因爲這些建築物有洋溢著貴族風味的門。一些有名的旅館有圍牆，但是沒有門，這對女性來說，是隨時可以逃出去的空間。

當然，住在飯店裡面不會有女性想要逃出去，但是即使身體沒有逃出去，心還是有可能飄到旅館之外。

充滿貴族氣息的旅館，有青銅色的大門，進去以後，會感覺到一輩子也無法出去。女性會想像自己被關在這個旅館裡，喪失了一切抵抗的力量，同時也會玩味到委身相許的恍惚感。

因此，你不妨試著找找看有門的餐廳，或是有美麗大門的旅館。迪士尼樂園是這樣的，舊式美術館或博物館也有非常莊嚴的門。

想想看，這些是女性喜歡的場所，但是再進一步思考，爲什麼她們喜歡這些場所？在了解女性心理的同時，你也會注意到，除此之外，也有女性喜歡的類似環境或場所。

女性往往有閉鎖恐懼症，不，應該說女性內心深處渴望被關在閉鎖的地方，自由被剝奪。不妨去找這樣的地方，這樣她就可以盡情享受。

♠♠♠♠

【讓她喜歡你的一句話⑬】——「妳想學高爾夫？沒問題，包在我身上！」

不管是「高爾夫」、「保齡球」、「攝影」、「電腦」、「繪畫」都可以，總而言之，你一定要具備一項引以爲豪的專長，而且要告訴對方。

這個時候，一定會引起她對你的好奇心。

如果你能夠說出：「就算是情書，我也可以代筆！」那你就是滿分了。現在是一個講求人際的時代，擁有多方面的知識或才能，對女性是件非常重要的事。

♥♥♥♥♥♥♥

36 讓她享受女王的氣氛

人們常說，只要讓女性享受到女王般的氣氛，就會很簡單地投入你的懷抱裡，眞的是這樣嗎？例如在餐廳用餐時，你爲她拉椅子，讓她坐下來。

也許光是這一點，就能讓她感受到女王的氣氛，但是，這樣還是不夠的。如果要讓她享受「女王的氣氛」，那就要把她當成女王，展開一連串的故事。

那麼，要如何展開「女王的氣氛」呢？

㈠穿著優雅的服裝，慢慢地散步。
㈡對她畢恭畢敬。
㈢餐廳色調金碧輝煌。
㈣周圍充滿淑女紳士。

以上的狀況都是必要的。這時你必須愼選場所，如果只是到普通的餐廳去，即使你爲她拉椅子，這種氣氛也不會浮現。

只不過個子比較小的女性、對自己比較沒有自信的女性，比較不容易感覺到

「女王的氣氛」，如果你弄錯，那也很傷腦筋。

對自己的外形很有自信的女性、貌美的女性，她的內心深處才有讓人像女王般對待的慾望。如果你帶這類女性到晦暗、安靜的餐廳，很意外的，她不會高興，所以要特別注意。

盡量帶她去有很多人可以看到她的地方。照明昏暗、客人零零散散的店，都會令她不滿足。

當然，到法國餐廳、酒吧用餐時，帶著她走過一群穿著時髦的男女客人面前，慢慢走往最裡面的位子坐下來，這是滿足她玩味自己渴望的方法。

如果你認識的女孩子裡，有這樣的美女，你不妨試一次看看。

♠♠♠♠

【讓她喜歡你的一句話⑭】——「如果妳想聽海浪聲，打電話給我！」

女性有時會想做出一些脫軌的行動，這種慾望，不時在胸中燃燒。

「要不要去聽海浪聲啊！」如果你這麼對她說，一定能引起她的好感。

「哪邊的海比較好呢？」也許有些女性會如此反問。如果她這麼問的話，那她已經中了你的圈套了。

♥♥♥♥♥♥♥

37 滿足她的脫離願望

不論什麼年齡層的女性，都有脫離的願望：

㈠十幾歲時脫離雙親，獨自居住。

㈡二十幾歲時希望離開國內，到海外去。

㈢三十幾歲還不想結婚，到外面工作。

㈣四十幾歲時希望暫時拋下丈夫和小孩。

㈤到了五十幾歲，會乾脆想離開家庭。

當然，還會有其他願望，但不管怎麼說，在女性內心深處，都會有「希望一個人獨處」的好奇心，一輩子都是這樣的，這也是離開家庭到外工作的男人無法理解的願望。

雖說如此，但並非離開男友、丈夫，獨自生活的願望，倒不如說，這是想找一個了解自己願望的人吧。因此，在你們的會話中，必須符合她的這種願望。

如果面對十幾歲的女性，可以這麼說：

「最近一個人租一間小套房，獨自生活的女生增加了。」

如果面對二十幾歲的女性，可以這麼說：

「不妨到國外留學，我可以幫你蒐集資料。」

諸如此類的情形，都會讓這些女性錯以為你是了解她們願望的人。

誘惑技術的第一點，就是必須引導出她內心當中潛在的願望、慾望。有些女性會覺得自己這些願望並非好的願望，但你可以站在她那邊，清楚地告訴她，這是現代女性當然會有的願望。

38 就算是小事也要幫她做

有人說，按摩師最喜歡的就是讓別人爲他按摩。工作一整天後，也希望自己的肩膀像客戶一樣輕鬆。

這種情形可以運用在辦公室。你可以對一整天都坐在電腦前面的女職員，輕輕按摩她的肩膀。

「眞是不好意思，可是感覺眞的很舒服。」

這種間接的肌膚接觸，可以使你們感情增加不少。但是你得注意，規定比較嚴格的公司是不允許這麼做的，在這種的地方，你可以幫助她工作。

對一般上班的ＯＬ而言，最高興的莫過於減少她們龐大的工作量，因此，即使你只是幫一點小忙，都能夠打動她的心，也許就可以以此爲契機約她。

39 找出幾個和她共有的紀念日

女性毫無例外地，都喜歡紀念日，希望在紀念日這天，和自己喜歡的男性一起度過。結婚紀念日、生日是理所當然的，除此之外，還有訂婚紀念日、邂逅紀念日等等，各式各樣的紀念日都有，如果你忘記了——

你要有覺悟，對方會不高興的。反過來說，如果你想追求對方、約對方，就應該充分活用這些紀念日。

首先是第一次約會的日子。這天可以由你指定它爲紀念日。

「今天是我們第一次約會的紀念日，我們去享受一頓燭光晚餐吧！」

我想絕對不會有女性反對的，在這種狀況下，你們就可以繼續約會。

你也可以這麼提議：

「眞希望今天是和妳接吻的紀念日。」

「哪有這種紀念日！」

即使她抗議了，也不是眞的抗議，只是有點窩心，又有點不好意思。如果能在紀念日時準備禮物，就更完美了。

也許對你來說，某件事情不算什麼，但對她而言，卻是非常重要的紀念日。你提出紀念日的構想去執行，她一定會對你有好感。像這樣細小的事你都可以訂一個紀念日，只要加以活用，就可以自由自在地對待任何一名女性。

♠♠♠♠

【讓她喜歡你的一句話⑮】——「要不要一起去看場電影？」

這句話用在長期單身的女性身上非常有效，因爲再也沒有任何事，比一個人去看電影更無聊的了。此外，看完電影後，即使有所感想也無人可說，那麼樂趣就減半了。

「一個人去看電影眞的很無聊！」

你可以再加上這句話。這時如果剛好有她想看的電影，那眞是再好不過了！

♥♥♥♥♥♥♥

成為對方「必要的男人」的方法

40 什麼是女人認為的「必要的人」

在辦公室裡，從女性的閒談中，可以約略知道每個人的目標或夢想，你必須訂定你的目標，了解自己所喜歡的女性的夢想，接下來就是鼓勵她。

女性當中，如果有人希望有個男人非常溫柔地對待自己，自己也能奉獻自己的愛的話，那麼，你就可以當符合她這個夢想的男人，讓她感覺到你的愛。當男性對女性未表現出來的才華給予高評價時，女性會投入男性的懷抱中。

從世界上很多例子來看，我們可以了解此事。電影導演的夫人通常都是女演員，很明顯的，導演能將這些女性成為女演員的才能伸展出來，所以她們的內心懷有感謝，這種感謝便轉化為愛情。

普通上班族或許並未隱藏如此才華，但也許會以夢想的形式秘密隱藏在內心深處。

「妳是不是希望到國外留學？那妳就應該下定決心去做啊！」

即使只是這樣一句話，但對煩惱中的女性來說，就如同久旱逢甘霖一般。即使你只是不具體地約她或追求她，結果也是一樣的。

「如果有什麼需要幫助的地方，我一定會幫妳的。」

這句話更能使得她淚流滿面。不管是結婚也好，同居也好，她會覺得這個男人是自己人生道路上必要的男人，那麼，你和她的好日子也就近了。

41
越是對自己外貌沒有自信的男人越容易成爲煩惱時的商談對象

如果你覺得自己一無可取，身材不高、長得不好看，又沒有錢——所以沒辦法去追求女人，那你就完全錯了。

大家應該知道小白臉吧，其實這是從法語來的，換句話說，也就是靠女人吃飯的男人。一開始，他在舞場中擔任女性的伴侶，贏得她的歡心，慢慢地自己就不工作了，只當女性的性伴侶，讓女性開心，這就是靠女人吃飯之男人的意思。

然而現在小白臉最高級的境界（這種表現有點奇怪），是用長時間和女性商量事情，傾聽女性煩惱的人。

有的舞男爲了讓女性心甘情願拿錢出來，運用了各式各樣的技巧，而這也需要旺盛的體力，必須要花很長的時間，認眞地、毫不厭倦地聽女性訴說自己的煩惱，這可以說是成爲小白臉的絕對條件。

況且這還需懂得女性的心理，不管多醜的男人都可以做到，不，正因爲是醜男，女性才很容易地說出自己的煩惱。男人也是一樣，他絕不會在美女面前說出自己關於性的煩惱。女性也一樣，遇到瀟灑的男性，會覺得自卑、不好意思。

爲了成爲一個好聽衆，必須有很豐富的解決煩惱的經驗，女性雜誌每一期都會有這類的報導，你必須將裡面的資訊完全輸入頭腦裡，如此一來，就可以和女性談心。

事實上，當女性對你說出他的煩惱，你們之間的距離也就拉近了很多。

引誘女人也可以用這樣的方法。

42 無怨無悔地付出可以使她心動

你有什麼特殊的技能？有什麼是其他人無法模仿的服務精神？如果有，就要全力以赴拿出來，這正是勝負的關鍵。

將引誘、邀約的想法暫時擺在一邊，先全心全意無悔地付出。最近不也出現了很多默默在女性背後扮演支持角色的男人嗎？

例如像傭人一般，到了深夜還當對方的司機，或是知道哪裡的麵包好吃、哪裡的咖啡好喝，特地去買。換句話說，女人很喜歡這種不求回報的服務。

同樣是女性，不管是誰，在她的內心深處，都有殘忍的一面，但是因爲生活方式的不同，有的人終其一生都不會表現出這種殘忍的一面，而多半的人都會表現出來。

有個大企業老闆的夫人，以喜歡欺負傭人或司機有名，她的傭人不斷辭職，然而她在無意識中，仍然披著丈夫權威的外衣，表現出她殘忍的一面。

普通的ＯＬ中，應該也有很多人喜歡欺負男人，對無怨無悔付出的男人，會一再地驅使，在這樣的行徑中，她會感受到自己有如女王一般的氣氛，也會認爲自己給男人糖吃。

在這種情形之下，男人不需去誘惑對方，對方就會來誘惑你了。當女性習慣於驅使他之後，她就離不開他了。

如果你對自己沒有自信，不認爲自己約得到對方，那麼，也可以用這種方法——無怨無悔地爲對方付出，爲對方服務。

♠♠♠♠

【讓她喜歡你的一句話⑯】——「妳討厭我嗎？」

不妨問女性這個問題。這種正面作戰法，有時非常有效。

「當然討厭啊！」

應該不會有女性這麼說吧！因爲哪有人明知自己討人厭，還會問對方是否討厭自己？不管對方反應如何，至少你已踏出成功的第一步。不要只是暗自偷笑，應該站出來，勇敢的表現你自己！

♥♥♥♥♥♥♥

43 傾聽對方內心的創傷

只要是人，不管是誰，內心或多或少都有一些創傷。這種情形對不管多美的女性來說，也一樣會有。

小時候偷竊、和雙親分離，或是看到母親和不知名男性發生性關係等等，雖然程度有別，但都是內心深處的創傷。

這些傷痕會讓自己自卑，而且就像是血流如注般的傷口一樣。也許這個傷口沒人能治得好，但是卻能暫時治癒。

能夠暫時治癒自己傷口的，就是給予溫柔擁抱的戀人。不，即使不是戀人，只要是溫柔的男性，只要是這名男性的一句話，也許就能暫時撫平那傷口。

換句話說，只要你知道這個女性的傷口在哪裡，你就可以治療她。

那麼，該如何了解女性的傷口呢?從你們認識的那天開始，就不要都是你在說話，儘量減少自己的說話量，讓她說話。

她面對認眞聽自己說話的男人，一定會啓開她的心扉。這時你可以流淚，傾聽她的委屈，而且要假裝很溫順、很機靈。

你可以和她一起流淚。如果你不是用演技，而是很自然地流露眞情，那她一定會完全地信賴你。

內心優雅的你，這時候也許就能和意想不到的美女交往。

♠♠♠♠♠

【讓她喜歡你的一句話⑰】——「妳叫我阿志就好！」

如果女性不稱呼男性的姓，而是直呼其名，會較有親切感，這是一種心理作用。

「叫我阿志就可以了！」這樣的說法更具效果。

總而言之，就是要讓自己和其他男性有所區別，光是這句話就會讓你大受女性歡迎。在你工作的地方，如果有需要，女性會成爲你的支持者的。

♥♥♥♥♥♥♥

第三章

初次見面的第一步

——創造開始的指南

高明的接近術

44 光是這樣想就容易創造機會

你有沒有想像過和女性交往的瞬間，或是你對她說出話的瞬間就成功的情形？當站在電車裡看著眼前的女性，或是等紅綠燈的女性時，心裡就會想，該怎麼做才能認識這個女性？

這是頭腦的預備訓練，有沒有進行這種訓練，成功的機率是完全不一樣的。

職業高爾夫選手在四天比賽中，每天晚上上床後，一定在腦海裡把整個場繞一次，這時他開始想像自己兩擊進洞、三擊進洞。

這用在約女性，也是很有效的方法。如果平常就開始想像，那一旦遇到偶然的機會，才能夠成功。

「我覺得好像在哪裡遇過妳。對不起，妳是〇〇〇嗎？」

「不，不是。」

「哦，那眞是對不起。」

只是這樣子想像也可以。

「對不起，這條手帕是妳掉的嗎？」

「你等等，我看看。哦，不是我的。」

「哦，那眞是對不起。」

上床睡覺時，發出聲音來說說看也可以。這類情形應該不少，你得練習這種瞬間的開始。

當你看到美麗的女性走在前面，你可以跑去追她，然後可以假裝跌倒。

「你還好吧？」

在前一瞬間你還不認識的美女，也許此刻她已經跟你說話了。進行這種漫無天際的想像，這時候也可以在某種狀況下，在女性面前表演出「好痛」的演技。如果你這麼做，那你的想像訓練就是大成功。

45

女性爲何會靠近裝模作樣的男人

就像能看穿戀愛高手一樣，不會談戀愛的人，女性也是一眼就看穿了。這是從何得知的呢？

很簡單，戀愛高手跟女性講話時，會非常輕鬆。辦公室裡誰是新進員工，一眼就可以看出來了，從接電話的樣子以及各種小動作，都可以看出來。相同地，如果不習慣和女性說話，他說話的樣子看起來就比較沈重。

有位男性他在遊樂場想和年輕女人講話，於是興致一起，就和一百個女人講話，結果和他所想的相反，沒有一個人靠近他。

於是，他注意到一件事情。

那就是，穿著襯衫打領帶和女性說話，是沒有用的。穿著襯衫會使自己的聲音顯得沈重。相反地，如果服裝輕鬆，那麼說起話來也會輕鬆。

有一句話說，「戀愛就是裝模作樣」，這是永遠的哲理。事實上，對男人而言，裝模作樣也能夠融化女人的心。

看看哺乳類或鳥類就可以了解，只要是雄性，幾乎都是裝模作樣的。以前有所謂晴日、褻日之分。

所謂晴日，就是神明祭典之類的日子，褻日則是指平常的日子。戀愛絕不會在褻日發生，一定在晴日發生。

在那天，不管男女，都應該穿著非常艷麗的服裝。當然現在人對晴日、褻日的差別已經不在意了，在褻日也會有晴日般的行事，換句話說，也就是會穿著工作服裝談戀愛。

戀愛成立之後，這樣當然沒關係，但若想一見鍾情，卻不脫下工作服，穿上亮麗的衣服，那是無法擄獲女性的心的。

所謂裝模作樣，就是無論在外表或內心，都要有很開朗的裝扮。這樣的裝扮也許會招來男性反彈，但對女性而言就不一樣了。你必須以這種輕鬆的裝扮，輕輕地對女性說句話。

46 女性希望和人緣好的男性交往看看

讀者中應該有臉蛋很漂亮的人吧，也就是娃娃臉的類型。有的女性就算到了二十四、五歲，還會被說「很可愛」。

如果是這類型的男性，與其說他會去誘惑別人，不如說他有被誘惑的危險，而且尤其容易成爲年長女性的目標，大概很早就會失去童貞。

事實上，以這類型的男性爲誘餌，來尋找可交往的女性，也是不錯的方法。如果你不太會說話，又容易害羞，那麼，你大概永遠都無法和女性交往。

這時你就可以和長得很帥的男人一起去喝酒吃飯，採取行動。至於結果，就是他會被女性甩了，而可愛的你則不會讓女人感到厭煩，一定有女性喜歡像你這種不太會說話、但很誠實的男人。

如果只有你一人，大概不會有人靠近你，但如果和與你完全不同的男性一起出現，接近你的女性就會很多。男女之間就是有這種不可思議的感覺。

雖然並不是特別長得娃娃臉，但對女性而言，只要受人歡迎，是什麼樣的男人都沒有關係。也許當大家都把焦點放在你朋友身上時，你會覺得自己很可憐，但事實上並非如此。

某出版社編輯曾和一個作家到小俱樂部去。這個作家是每個女性都會喜歡的作家，而且大家都圍繞在他身邊，一般人會想，女性都只把焦點放在作家身上，不理會編輯，但事實並非如此。

老闆和年長的司機一起到酒吧去，也會發生女人悄悄去和司機說話的情形。

這就像放長線釣大魚一樣，就因爲線放得長，才釣得到大魚。因此，缺乏自信的男人，不妨找找看身邊有沒有長得標緻的男人，可以跟他交個朋友，然後一起行動。

當然，對這個男性而言，他接觸女性的機會也增加了，也許會沾沾自喜，然而，必然也會有女性靠近你的。

如果你覺得此種論調是騙人，你不妨試一次看看。

47

「妳的頭髮上有一隻蟲」──從這裡開始

如果你膽量夠，不妨想想這樣的騙局。

「對不起，妳頭髮上有一隻很奇怪的蟲，要不要我幫妳把它拿下來？」

如果你這麼說，幾乎所有女性都會說「好」。

如果不說頭髮而說背部，就算對一百個女性說，一百個人都會回答：「麻煩你幫我拿下來。」其中更有不少人會笑著說：

「請你快幫我拿下來。」

女性會主動靠近你。從女性的態度可以看出她的性格。如果走在街上，總會有機會說這句話吧，如果你用手去摸她的頭髮或背部，然後才好像道歉似地說：

「妳這裡有蟲，牠飛走了，沒關係了。」

就在女性向你道謝的同時，視線也會隨你移動，判斷你到底是令人討厭的男人，還是她喜歡的類型。

不妨對不認識的女性實驗看看，或是對你想要交往的女性實驗一下。

48 幫一點小忙可以使對方打開心扉

男性互相借火點煙，是經常看到的事，仔細觀察就會知道，幾乎向他人借火，沒有人會不借，而這兩個人接下來會怎麼樣？會說起話來？大概十個人之中，有三個人會說話。從這件事可以知道，藉由「借火點煙」這件小事，就可以讓陌生人聊起天來，這就叫做「Foot in the door technique 」。

這就如同進入他人的玄關一樣，拜託別人是需要技巧的，即使是不認識的女性，也可以拜託她做小事情，她答應你的可能性非常高。

「對不起，請問車站怎麼走？」

例如，詢問和你走同方向的中年女性，她應該會回答：

「從這裡走。」

也許她還會和你一起走。

「這附近有銀行嗎？」

「車站附近好多家。」

「對不起，因爲我身上剛好沒錢了，想要去領錢……」

以這段會話做引導，也許你們會去喝杯茶聊個天。

「可不可以借什麼東西」這種以借東西爲名的拜託法，機會就更大了。一開始，可從不知道路、不知道商店在哪裡等等對女性而言沒有害處的事開始。

要使這個技巧成功，得在隔天不經意地見面。

「昨天眞謝謝妳教我怎麼走……」

「噢，是你呀！」

從此之後，你們就可以慢慢接觸，慢慢聯絡。

♥♥♥♥♥♥

【讓她喜歡你的一句話⑱】——「妳可以把我當成你的哥哥！」

這句話對沒有兄弟的女性有驚人的效果。因爲她不但可以向你撒嬌，有事情可以找你商量，而且身爲女性，完全不用提供任何服務。

但是一段時間後，這種兄妹關係就必須轉換成男女關係。即使如此，對女性來講，你仍然是一個能讓她安心的男人，這也正是「哥哥」這句話的威力。

♥♥♥♥♥♥

49

不要讓瞬間機會逃走了！要在等待時刻說話

當你有空時，你會做什麼？如果是睡午覺或是打電視遊樂器，那就請你立刻停止。如果你有空，那就應該到有很多女人會去的地方，如果一個人待在家裡，機會是絕不會找上你的。

無論如何，一定要到等待的場所看看，因為在公共場所，一個人也沒關係，表現出在等待女人的樣子也沒有關係。但一定要眼觀四面，找找看有沒有值得注意的女性。

女性和男性不同，女性具有超強的忍耐力，即使等上二、三十分鐘，也不會焦急，但要是等上一個鐘頭，大概就會浮躁起來。

你如果看到這樣的女性，可以試著靠近她，但開口和她說話卻不是那麼簡單的事情。可以先靠近女性，然後表現出也在等待的樣子，焦急地看著手錶，視線朝向遠方，這時，這個女性會覺得「這個人的心情和我一樣」。

當她等得不耐煩，要走了的時候，你可以發出聲音：

「我在這裡等很久了，妳呢？妳也等了很久了嗎？」

說這句話時，絕對不能傷到她的自尊心。事實上，在這類有名的等待場所，有些女性根本不是在等誰來，你只要做好心理準備，在那裡站兩個鐘頭，大概就能了解了。

沒有男朋友而寂寞的女性，也許會假裝要約會，再怎麼等也不會等到男朋友來，所以可以解釋成，她只是在等有沒有人來和她說話。

到這種可以看到人生百態的等待場所，至少比一個人待在家裡有趣得多。

♠♠♠♠

【讓她喜歡你的一句話⑲】——「今年的聖誕節要留給我喔！」

早一點邀約她是訣竅，至少可讓她曉得你還沒有女朋友。

當然，並非單憑這句話，女性就會答應你的要求。但是時間一久，你就可以慢慢觀察出誰對這項宣言有興趣，於是你就能夠擬定進攻對象。即使是女性，也沒有人會希望聖誕夜一個人孤伶伶的度過吧！

♥♥♥♥♥♥♥

50 在這種場所自然有人會和你說話

去過高爾夫球練習場嗎？高爾夫球打得好不好沒關係，最好可以到練習場去。在一般星期假日，應該會有幾位女性來練習。

最好的時間應該是中午，因爲到了傍晚，很多女性會急著回家。一點到兩點是家庭主婦可以輕鬆的時間，因此，很意外地，你可以輕鬆地和她說話。

即使不發出聲音說話，只是用眼睛看旁邊的人打球，這種打招呼方式也是種嘗試。如果自己打得不錯，就找個打得不好的女性爲鄰，如果自己打得不好，就找個很會打的女性爲鄰。

當然，如果兩個人都打得不好，也沒有什麼不好。

彼此可以以高爾夫球爲共同話題，開始說話，女性也很容易投入。高爾夫球和其他運動不同，尤其高爾夫球練習場的環境容易教人，也容易被教。

在這個練習場裡約對方的訣竅，就是要選擇人比較少的時間，因爲如果是在非常擁擠的假日，當然就很難和對方說話了。此外，在週末的星期六或百貨公司、超市放假的日子，也都不錯，因爲這些時候年輕女性都會走出家裡。

根據多年的經驗，可以知道這是最容易和對方說話的環境，所以你不要擔心，可以先從笑容開始。可以請她喝罐裝咖啡，也有可能開車順路載她。

要是學生，就什麼時間都可以，如果是上班族，應該也有休假日，你要約她的話，就到練習場的咖啡廳去，我敢向你保證，要約女性，與其一下到這家、一下到那家，不如固定一家還更有效率。

51 和不認識的女性享受冒險戀愛的方法

如果找到喜歡的女性，乾脆以眼睛和手給她訊息，這件事可以在茶藝館做，但還有更好的場所，就是比較熱鬧的地方，像是狄斯可舞廳、酒吧、一般酒店、很多人會去的卡拉ＯＫ等處，女性在這些地方會感覺到一種浮躁的氣氛，不會討厭和不認識的男性交談。

如果發展順利，男性可用手指表示「要到廁所去」，透過交換名片，約定下一次的約會。

爲什麼事情會進展得這麼順利、簡單?第一，男女彼此認同這只是個遊戲；第二，兩人都希望冒險；第三，在衆多女性中，自己被選爲對象，心裡高興。

女性不管在哪裡，都希望表現出自己的成熟。十幾歲的女性，爲了表現自己的成熟，會去抽煙；二十幾歲的女性會以婚前性關係，表示自己的成熟；到了三十多歲，就和別的男人偸情，來表示自己的成熟。不管在什麼年齡層，都想和男性遊戲。

因此，在有機會冒險的場所，你必須非常大膽。

與不認識的男性用眼睛和手勢交換訊息，對女性而言，也是難得享受的快樂，所以失敗的機率不高，但事前須用心研究手指所發出的訊息。

如果大拇指豎起來，食指指著女性，意思就是「旁邊那個人是你的男朋友嗎?」左手大拇指和食指圈成圓形，右手食指插入這個圓形，就是「我想和你作愛」的意思。

如果其他人沒有注意到，也許女性會大膽地給你回音，你不妨試試看。

52 活用「個人的名片」

最近市面上出現免費的個人資料雜誌，然而想交女朋友有很多種方法，用這種方法，既不能享受到「引誘」的快樂，也不能享受到智力戰、心理戰的快樂。邀約、求愛、誘惑是最基本的，就像到海邊釣魚一樣，需要使用什麼樣的餌、線、針，都要動腦筋。包括傳眞在內，女性很在意通訊的類型，就像你到釣魚場釣魚一樣，年輕時會想，務必到溪邊或海邊釣看看。

你有個人名片嗎？如果你在大公司服務，那當然大家都知道，但如果是名不見經傳的中小企業，那不如自己印一張以同好會或社團爲名義的名片。

你不覺得這麼做，更加深了給對方的印象嗎？當然，上面要寫上家裡電話、行動電話號碼，再寫上「every night every time ok」，這樣就是一張很別緻的名片了。

除此之外，也可以再加上「for you only」，這樣會很受歡迎。如果把e-mail帳號也寫上去，可以刺激對方的好奇心。雖然不少女性以大公司員工爲目標，但大多數女性並非如此。因此，不須特意在名片上加上頭銜，如總經理、課長等等，因爲這類男人會予人領導意識過強的感覺，反而會爲女性所討厭。

不管做什麼，還是要以自己的頭腦取勝，在個人名片上，名字和電話號碼的部分也要多下點工夫。

♠♠♠♠♠

【以結婚為目的的交往方式①】——將鑰匙交給她

只要她想找你，隨時都可以造訪，因此，將房間鑰匙交給她是一個不錯的方法。

如果女性接受了，可能有以下含意：①女性認同你們兩人的親密關係，願意作你的女性伴侶；②你自己本身可以確定女性的想法；③女性會告訴自己，我只是在有困難時去找他商量，這和性愛無關。

如此一來，你們之間的關係就可以向前邁進一大步了！

♥♥♥♥♥♥♥

邀約同公司可愛女性的方法

53 一開始要站著說話

終於如願以償了！下班時搭捷運，發現前面的女性就是自己喜歡的同事，正好可以上前和她說話。

這時旁邊要是有位子，可不能坐下來。第一次見面時，如因相鄰而坐，彼此就無法看到對方的臉，而且女生視線也會看向前方，那就不能輕易地和女性說話了。

因此，在這難得的大好機會，你們兩人應該站著說話，確保這份親密關係。如果這時候有個空位，你把這空位讓給女性坐，那就什麼話都沒辦法說了。

就空間心理學來說，兩人都站著，是最容易親近的位置，而在捷運這種公共場所，不經意就會有身體上的碰觸接近，也是最佳環境。說得極端一點，如果有了這麼好的機會，你還約不到她，那就乾脆放棄吧！

而在小吃店之類的地方，一開始最好也是面對面坐。讓她從正面看自己：

㈠他是認眞的嗎？

㈡他適合自己嗎？

㈢他幽默嗎？

讓女性如此判讀自己。

從認識起就隔鄰而坐的男性，絕對不會被喜歡。女性對還沒以心相許的男性，絕不會希望他的身體碰到自己。

不要著急，但如果太慢，那掛在釣竿上的餌也有可能就掉了。

♠♠♠♠

【以結婚為目的的交往方式②】——把儲值車票交給她

如果你在都市搭捷運，也許會購買儲值票或公車轉乘券，你可以把這些東西當成你們之間的交流，用這些小道具束縛她的心。

不管怎麼說，「這個男人對自己有期待」，這種想法絕對不會引起女性的不舒服。

♥♥♥♥♥♥♥

54 重複和她一樣的動作可以加深你們的親密度

不妨自己創造這樣的偶然。

在她伸手叫咖啡時，你也伸手叫咖啡；在她拿出手帕時，你也拿出手帕；在她笑的時候，你也笑出來。如此二、三次和她做出相同的行動。

接下來，就告訴她：

「眞的很不可思議，我們兩個人想法好像都一樣。」

她也會因爲彼此之間有二、三次的偶然，而在內心深處認爲：

「也許我們兩人很合得來。」

以此爲契機，就可以加速你們的親密程度。

打高爾夫球的時候也是一樣，如果你想要的是七號，桿弟也告訴你：

「七號。」

那麼你一定非常開心，如果你握手、抱肩、擁抱，桿弟也不會拒絕的。在求愛的句子中，有一句詩：

「我們就像是雙胞胎一樣。」或者是，

「我覺得我們好像兄妹。」

你可以加上這一些強調親密性的表現，有時候你也可以玩笑似的說：

「我們看起來像不像一對夫妻啊？」

這時候，她也會開玩笑的說：

「也許喔！」

如果她這麼說，就代表她也懷有好意，此時，你就可以往前進了！

只要你看出她的習慣，那麼，這些都不是什麼困難的技巧，就算是一次失敗，也不代表什麼問題，因此，建議你不妨試一試！

55 找她拿手的領域和她商量事情

有時在辦公室，即使從沒親切談過話的女性，你也可以拜託她，

「可不可以幫我挑一條領帶呢？」

如此的請求她。

「我不知道該挑什麼顏色……。」

或者是，

「我不太知道現在流行的花色……。」

這時，如果她答應你的話當然是很好，但即使被拒絕的話，你也可以從中解讀，她爲何會拒絕你。

這就是「把煩惱交給對方」的方法。像這樣不知道她是否會答應自己的邀約，而一個人獨自煩惱的話，根本無法掌握她的心情。但是，

「可不可以和我約會？」

說出這樣的話，煩惱的可就是對方了。如果是直接說話法，較容易被女性所拒絕，而被拒絕的男性也容易受到打擊；若採用間接說話法，則可以打探她的內心。

如果她拒絕你的理由是因爲：

「我對領帶這方面沒有信心。」

她並不是拒絕和你同行，只是以不會挑選爲理由來拒絕你。或者是，

「我對男性的物品不太了解。」

也許她會這麼說，這個時候的話題就廣了。有時候，也有女性會說：「如果是其他的東西還好，但是，我實在不會挑選領帶。」從這裡，你可以和她談談有關流行或是色彩方面的話題，將會得到意想不到的結果。

56 女性最喜歡的是這樣的信箋

也許會有男性認為，到現在還要寫信，眞是一件麻煩的事。但是對於文字、文章有自信的人，寫信依然是非常具有效果的方法。

如果是工作場所的女性，誰喜歡音樂，誰喜歡文學，你應該都有某種程度的了解。如果對方喜歡音樂，你可以附贈一片ＣＤ；如果對方對文學有興趣，那麼送她一本書也是不錯的。

比較不在行的男人會只送東西，但若加上一張短短的信箋，將會使她更高興。

要寫信，總得要有寫信的理由吧！比如說，如果你的主要目的，在表達愛意，信箋內就不要寫些亂七八糟的東西。

不論CD也好，書籍也罷，都要選定一點理由。比如，你可以著眼於誕生百年，或逝世五十年的藝術家的作品，或是紀念唱片、紀念出版等等。只要多注意報章雜誌，就一定可以找到的。

只要找出一樣東西，你就有寫信的理由了，而她也會因爲以下三點而注意你：

㈠她覺得寫信的男人具有知性。

㈡以具新聞性的東西作爲贈禮，會豐富你們的話題。

㈢也許能和這個人談得來。

信不用寫得太長，最近市面上有很多很精美的信箋，只要短短幾句話就可以了。正因爲短短的幾句話，她才想要和你見面，千萬別忘了這個訣竅！

♥♥♥♥♥

【以結婚為目的的交往方式③】——拍攝兩人的照片

一開始邀約她時，告訴她，你很喜歡攝影。如此一來，就能以爲她攝影爲藉口和她約會，並使她准許你拍攝兩人的合照。

如果女性願意和你合照，至少離戀人的目標又近了一點。慢慢的，她會允許你搭她的肩，或用手捏她的臉頰……等動作，這可說是短時間戀愛的範本。

♥♥♥♥♥

57

與其邀約對方，倒不如說出被邀約的話來吸引女性

在公司裡面，有的男性會對「戀愛經驗豐富」的女性說出下面的話：

「妳也把我列爲『選擇對象』之一吧！」

和邀約對方相比，這種希望被邀約的表現比較容易成功。

這不僅是對於戀愛經驗豐富的女性而已，對於非常溫順的ＯＬ，你也可以這麼對她說：

「有什麼事情我可以幫妳？」

「如果妳遇到困難時不要客氣，馬上叫我。」

或許她會嚇一跳，但有時她也會順著你的好意，

「眞對不起，可不可以幫我一個忙？」

接下來，就是由她主動來親近你了。如此一來，就不是你去邀約她，而是你被她邀約，這樣，你就能以堂堂正正的理由和她交往。

這種狀況下，將自己拿手的一面展現出來，也是一種好方法：

㈠我開RV，有大型的行李就交給我。

㈡我有音樂界的朋友，所以妳不要擔心。

㈢有什麼要出力的工作，我都可以幫妳。

不論幫她做什麼都好，你幫她忙，自己也不會有損失。對女性而言，總會有需要借助男人的力氣的時候，如果能適時的幫助她，在她有需要時和她站在同一陣線，那她就會視你爲重要人物。

這就是你在她心目中留下的印象！

58 放一個輕便的相機在公事包裡

邀約女孩子時，準備一些小道具是很有效的，而最簡單的莫過於相機了。最近的女高中生都會在書包裡放一台全自動照相機，這是屬於照相世代的現象。

然而，女人只要接近三十歲就不太喜歡照相了，這是因爲她們對自己的容貌缺乏自信，尤其是高級的照相機，連小細紋都照得出來。因此，照相會使她們不安，如果你勉強要去拍她的話，反而會讓她討厭。

在你的公事包裡放一台輕便的小型相機，可以在必要時拍攝風景，一開始最好不要直接拍攝女性。

要拍攝她時，可以用下列的理由：

㈠這裡的風景非常漂亮。

㈡這裡的餐點好特別，我們一起拍張相片留念。

㈢這個建築物非常罕見，我們一起拍張相片留念。

等等讓她能夠接受的理由，讓她很高興的被拍攝，這樣能增加你們的親密感。同樣的，你也可以請她幫你拍攝照片，最好不要勉強她和你合照，就算只是彼此互拍，也同樣具有很好的效果。爲什麼呢？因爲當照片洗出來後，你們又可以有再次約會的機會了。

此外，若你爲她拍攝的照片很不錯的話，你們就有第三次約會的機會。這時，你可以送她一個禮物，到這個階段，你們應該很親密了吧！因此，你應該要掌握兩人拍照的機會。

對於不習慣和女人「深交」的男性

59 生手的男性，一開始最好接近塗著濃濃口紅的女性

才剛開始要和女性交往的男性們，找個口紅塗得很濃的女性，紫紅的口紅閃閃發光，這種女性是最好的。例如，一夥人聚在一起的時候，並不是以是否美女為基準，而是以異性經驗為基準，這只要注意口紅的顏色就可以看出來了。

通常，沒有性經驗的女性，是不會在嘴唇塗上非常濃艷的口紅的。如果她的口紅顏色是屬於鮮豔、濃重，那麼，她一定是性經驗豐富。

女性的唇色和性器官的顏色是一致的，為什麼呢？因為在身體器官當中，只有這兩處的毛細管是集中的，如果被強烈的吸吮，會慢慢的變色。性經驗豐富的女

性，因爲吸吮男性性器官的機會多，因而嘴唇的顏色也變了。

簡單而言，使用的次數越多，血管越集中。當男女的愛液色素沉澱後，就慢慢變成紫紅色。有了這層知識後，你就很輕鬆了。缺乏經驗的男性最好以這些女性爲目標，因爲這類型女性會比較主動的照顧你，你比較不用費工夫。

自古以來，很多名人一開始都傾向找性經驗豐富的女性，藉此培養自己的膽量。千萬別連如何約女性都還不知道，就找個美女來交往。

因爲只要一不小心，就會令你喪失自信，以後就不敢再接近女性了。所以，一開始和年紀較長的女性交往，才是最好的訣竅！

【以結婚為目的的交往方式④】——告訴她小時候的事情

如果你們只是玩玩，就不需要透露太多彼此的私事。

相反的，如果你們是以結婚爲目的，那就應該多和她聊聊孩提時的往事。瞭解她出生在什麼樣的家庭，在什麼樣的環境之下長大，對於今後的交往也很有幫助。女性也會告訴你，她對生命的期許。也許在彼此的談話過程中，女性會覺得，兩人的命運間繫著一條「紅絲帶』。」

60 不受歡迎的男人——要培養膽量就從校慶開始吧！

對女性比較膽小的男性，大多是在母親的呵護之下長大的，因爲母親無法給予孩子性教育。事實上，女性對性也是充滿渴望的，但是她們都不會表現出來，因而往往造成男性的誤解。尤其一般的男人會覺得年輕的女性看起來好似聖潔貞女，即使到長大以後，也不敢和她們接近。然而現實裡，隨著成長，性慾也會湧現出來，以致自慰的少年非常多。

那麼，你是怎麼樣的人呢？

要消除這種膽小的最好方法，就是停止自慰。這麼一來，將使你無法忍耐旺盛的性慾，你就必定會去尋找女性。

換句話說，如果自己處理好了，就不需要女性的幫忙，你也就越來越害怕女性了。你必須要有所準備，禁止自己閱讀黃色書刊，以及電視、錄影帶等等，必須要和活生生的女性接觸。

要說是活生生的女性，那麼和網友通信、聊天也可以嗎?事實上，透過電腦就沒有那麼直接了，所以，還是建議你接觸女性本身比較好，這樣才能培養對女性的強度。

試著邀請幾位和你一樣膽小的朋友，一起參加女校的園遊會。

這樣的場合是任何人都可以進來的，在這裡，即使不吭一聲，也會有女學生來找你說話。換句話說，這裡是練習和活生生女性交談的最佳場所，即使再怎麼不會說話的人，她們也會很熱情的接待你。假使更熱情、主動一些，你就有了邀約的機會。去五、六次女校園遊會之後，你會很驚訝的發現自己改變了!

♠♠♠♠♠

【以結婚為目的的交往方式⑤】——讓她從外在看看你的家

如果你家就在不遠，不妨讓她看看你的家。如果你家在外地，則可讓她看看你租屋的地方，最好是讓她從一段距離外望過來。

關心這位男性的女性，一定會對他每天的生活感到興趣，這時你可以讓她看看你生活的環境。如果你在大公司上班，你應該帶她看看公司所在的建築物。這會使她夢想著成爲你妻子的模樣。

♥♥♥♥♥♥♥

61 如何找出沒有隔閡的對話——和她的共通點

「咦？妳是台灣人嗎？我也是耶！」

不論是多麼小的話題，你都可以找出彼此類似的點來延續它。普通會說：

「妳是在台中出生的啊！那眞是一個好地方，我也是台中人。」藉著強調同鄉意識，會使彼此之間的感覺更親密。你也可以擴大範圍，比如說「我是南部人」，南部就涵蓋了嘉義以南。

如果在海外遇到同樣是身爲台灣人時，說出「妳是台北人，我也是台北人」的話，比起「妳是台南人，我是台北人」的心理程度又不一樣了。

在中小企業服務的女性，也許會因爲每天的早起而感到疲勞。「早起眞的很辛苦！」這時，你可以附和的說：「對呀！我也是這樣子，每天早上要起床時總是爬不起來……。」

人就是這樣，很難和與自己沒有關係、又缺乏共通點的人建立親密關係。這時，如果藉由你們之間的共通點來接近她，她一定也會和你親近的。或許就因為這一點，她會答應和你下一次的約會，而且期待你們的關係有所發展。

62 因為個子高矮的不同，選擇商店的方式也不一樣

據說，在第二次世界大戰中戰敗的希特勒，因為個子矮小，所以演講時總喜歡背對夕陽，以展現他巨大的影子。法國的拿破崙也同樣是個矮個子的人，所以，他通常以騎著白馬的姿態，出現在部屬的面前。

這兩個小故事告訴我們：如果我們能消除自卑感的話，就能以自信的神情和對方相處。假如你的個子不高，那麼，選在一個許多人都站立著等人的公共場所見面，絕對是一大敗筆！這時，你必須在可以坐著的地方等待。

此外，如果是肥胖型的男人，與其坐在餐館的椅子上，倒不如選擇在飯店大廳的沙發上等待。因為餐館的椅子看起來較小氣，反過來若坐在飯店沙發上，你肥胖的姿態反而頗符合這種氣派。

當然，個子高、又有自信的男人，我們建議你站著等待。這麼做能讓女性到達時，一眼就看到自己要尋找的男性，而使自己更爲醒目。因爲女性想向周圍的人誇耀，「和我約會的，是一個非常棒的男性！」

女性絕不會希望被男人看見自己沮喪的姿態。

如果你對於自己的外型很有自信，不妨選擇像餐廳這種大的場合。如果不是，那你最好選擇客人較少的小咖啡店，對你會比較有利。

這種場合用在女性身上也是一樣，如果都不考慮到對方的容貌來選擇約會地點，那麼，你們的約會絕對不會順利的。

♠♠♠♠♠

【以結婚為目的的交往方式⑥】——讓她看看你的記事本

如果你們的關係親密一點，彼此都會想要多認識對方，這也是人之常情。解讀出女性的這種心理後，你可以試著翻開記事本讓她瞧瞧。

昨天在哪裡談生意、前天七點回家、一個人吃泡麵、吃完睡覺……等等，讓她看見這種活生生的內容，這會讓她覺得和你有親近感。因爲，這時她可能會說出像妻子說的話：「真糟糕」、「好可愛啊」等等。

♥♥♥♥♥♥♥

第四章

被喜歡的男人、被討厭的男人

——女人是這樣看男人的

女人喜歡和這種男人交往

63 有夢想的男人不論走到哪裡都會受人歡迎

大家知道嗎?女性很喜歡這一句諺語:

「明天吹明天的風!」

也許有些男性會認爲這些女性眞是眼光短淺,事實上,這句諺語中有一種「聽天由命」的消極態度,也就是明天的事情明天再說吧!

對於女性而言,最重大的事情之一就是懷孕。這種事情,不論你多麼擔心、多麼緊張,都是自己無法控制的。多數的女性都相信這是「上天所賜予的」,女性就是這種宿命論者。

如果能了解女性這種心態，那麼你就會知道該如何安慰女性了。

「放寬心胸，緊張也是沒有用的。」

這是比較適合女性的話。

「今天先好好睡一覺，明天的事情明天再說吧！」

這樣說也不錯。有些男人會如此反省：

「今天做的眞是糟糕，明天得要好好加油！」

這樣也會獲得女性的信賴，因爲在這句話的背後，隱含著無法拋棄宿命論的思想。反過來說，這也是一個會追求明天夢想的男人。女人認爲「有夢想的男人」是最偉大的，而你將一個單純的夢想告訴她，也是一個好方法。

♥♥♥♥♥♥♥

【以結婚為目的的交往方式⑦】——買裝飾品

並不需要花大錢買昂貴的裝飾品，當你們走在街頭，看見小飾品、相框也好，只要讓她擁有屬於你們共同的東西。這時候，在她內心的「兩人意識」會開始萌芽。極端的說，即使是烤地瓜也好、霜淇淋也罷，都可以使她培育出一起享用的意識。

♥♥♥♥♥♥♥

64 女性心目中的理想男人

有時候天氣的陰晴眞的是算不準的，如果強烈地表示出約會的意識：

「就算明天下雨，我們也一定要去！」

這種男人深受女性的喜愛。相反的，

「下雨眞麻煩，還是取消好了。」

這種男人是不會受女性的歡迎的。爲什麼呢？

前者的情況是「就算下雨，對方也希望見到我」，但相對的，後者的解釋就變成「和我比較起來，他還是比較在意下雨」。

而你覺得下雨「很麻煩」、「很煩人」的這種態度，會讓女性有一種被否定的錯覺。

我們會對在某方面勝過自己的異性感到憧憬，因此，溫順的男性會吸引活潑的女性，而優柔寡斷的女性則會認爲果決的男性富有魅力。

在此，讓我們來看看，究竟在女性的心目中，男性應該具備什麼樣的優點呢？

㈠有勇氣、大膽、決斷力等堅強的意志。

㈡強健的體魄。

㈢豐富的知識與智慧。

㈣不拘泥於小節，有寬大的心胸。

當然，這些優點會因人而異，但大致上，這些特點都是女性所認同的。

換句話說，擁有與以上相反的短處的人，就會被女性所討厭。如果你剛好擁有這些缺點，千萬別在女性面前表現出來。

尤其注意第四項，過分拘泥小節的人向女性求愛，很難不被拒絕。你是不是這樣的人呢？

65　與衆不同的男人受人歡迎

「我覺得自己是不同類型的人。」

也有這種求愛方式。但若女性對男性說：

「我跟其他人不一樣！」

男性一定會希望和她交往看看。也許性格和一般人不一樣，但這時的想像空間更廣了，會讓人的心噗通噗通的跳。

女性也是一樣的，尤其是在銀行、鋼鐵、建設公司……等，需要穿著制服的大企業工作，會覺得這些穿著一致的男性很令人厭煩。

這時，如果她遇到一個工作性質完全不同的男性時，就會讓她感到——

「很有變化、很有趣」，

因而目光炯炯有神的女性不少。如果再穿著一些不一樣的服裝、說一些不一樣的話題，那麼，你是絕對會受歡迎的。話雖如此，但只有口頭說說還是不夠的，一定要向女性表現出自己哪裡不同才行。

「事實上，我到晚上精神就特別旺盛，甚至熬夜工作都沒問題。所以每當我聽說哪一家牛肉麵很好吃，不管再晚，我也會開著車子去吃上一碗！」

當你聽到這句話時，有何想法呢？如果你是這類型的男人，女人一定會對你抱有好意，雖然是「稍微不一樣」，但若屬於病態的偏執狂，她可不會接受的。

如何使她的玩心沸騰，來強調「不同點」才是訣竅！

66 說出自己的缺點和失敗的經驗也會吸引女性

在女性面前不一定要說好聽的話、只表現自己的優點，如此一來，釣到的只是些雜魚而已。

平常接觸到的男性，盡是些充滿優點、毫無瑕疵的男人，也就是只表現自己完美的一面，卻把本性隱藏起來的現象。這樣的標準男人，只會使女性感到缺乏新鮮感，甚至厭煩。

因此，我們不妨將自己的缺點、甚至失敗的經驗，展示在她的面前吧！這樣子，反而會使女性認爲這種男人值得信賴。

即使你對吸引女性很有經驗，一開始還是表現自己的缺點，那麼，對你有興趣的女性就會追過來。這樣的例子不少，有時反而更容易掌握女性的心。

我想，你一定很瞭解自己的缺點吧！例如，雖然我已經到了成熟的年齡，但是我還是會說：

「唉，我在那方面還是不行，不論和誰都無法很順利進行。」

這時，一定會有女性認爲：

「那麼，和我試試看，如何？也許還滿配的！」

女性和男性是一樣的，她們同樣會更想瞭解異性的想法及性心理。聽到有缺點的話，會很希望去確定這是不是眞的。就算是性機能不行，心裡面也會想要去試一試。

「我太棒了！」

你這麼說，女性是不太敢靠近你的。無論是誰，都有優點及缺點，在這世界上，最多的人是平凡人，而不是優秀的人。在這樣的情況之下，你不認爲表現出缺點才是上策嗎？

67 有時表現出沒有自信的一面反而更好

當團體聚會時，如果有一個口才很好的男性在場，女性們可能會很有興趣地圍繞在他的話題上打轉。你也許會覺得自己被忽視了，因而感到很寂寞，但千萬不要灰心。女性可能會津津有味的傾聽，但並不表示她對這男性抱有好感。極端一點的人，說不定只是認爲他像一個在台上表演的明星而已，心裡卻只覺得這人眞是無聊。

對於說話並沒有自信的人，絕對不要勉強加入談話的行列，因爲只要稍不留意就容易說錯話，反而會被嘲笑。此時你該做的，就是在一旁微笑，一定會有女性欣賞像你這樣子的男性。不要忘了，女性分爲兩類：一種是喜歡口才好的男人；而另一種則是欣賞文靜的男性。

但若他人邀請你加入他們的行列，發表一些意見，

「不，我很不會說話……。」

你可以如此自嘲一番。

再來就是重點，自我嘲弄是一種訣竅，與其隨隨便便加入別人的行列，一不小心說錯話而被嘲笑，倒不如先自我嘲弄一番。

如果眞的等到自己出糗了，不但沒了自信，連女性也不會伸出援手。因此，到底是先自娛一番？還是等出糗再嘲弄自己？是一個很重要的問題。

當身上沒有帶太多錢時，你也應先表明：

「我今天身上帶的現金不夠，我們就吃簡單一點的好了。」

這樣的舉動反而會被女性喜歡，所以，還是儘快將自己的窘境及缺點表達出來吧！

68 在她心中留下深刻印象的方法

當你送她回家時，是送到哪裡呢？也許你認爲盡可能送她到家是最好的作法，但對方或許有她不方便的理由，所以不要勉強才是聰明的辦法。

說再見的場所，對留下深刻印象而言是很重要的。尤其第一次約會的最後三分鐘，不，應該說是最後一分鐘，具有決定性的影響。如果你們分手的地點是在車站，而雙方要搭乘的月台不一樣時，你只有對她說：

「再見！」

她能夠滿足嗎？我想答案是否定的。即使你們的月台不同，你也應該看著她上車、看著門關起來，一直目送車子到看不見爲止。

「何必這麼麻煩？反正她又看不見！」會說出這種話的男人，是沒有資格和女性交往的。你別忘了，女性是能「看到看不見的東西」的人。

有一次，A男性送一位女性上計程車，計程車駛離後，他還站在路邊一直目送到看不見的地方爲止。原因之一是一直沒等到下一部計程車，另一個原因則是擔心女性獨自一人搭乘計程車的安危。

在下一次的約會中，這位女性突然變得非常積極。他怎麼也想不到，爲什麼事情會進展得如此順利？結果這位女性說道：

「上次，你一直目送我的計程車，直到很遠的地方還和我招手。駕駛先生對我說這個人很好、他一定很愛妳。」

原來，駕駛一直利用後照鏡望著我的朋友目送女子離去，這對女性而言是最窩心的事情，沒想到計程車駕駛竟爲他倆牽了這條線。我們不知道會在什麼地方、被什麼人看到，所以我們更應該設法在說再見時留下深刻的印象。

搭捷運車也是一樣，你可以陪她一起坐，和她在同一站下車，或者只陪她搭一站就好，也是一個方法。總而言之，一定要在她內心深處留下一個深刻的印象。

69 謊言、微笑、手的使用方法
——女人在這些方面很在行

某作家列出女人的眞髓，女人們是這樣子的：

㈠說謊的天才。㈡忍耐力強。㈢即使被出賣，還笑得出來。㈣非常努力、勤奮。㈤對女性很溫柔。㈥就算被認爲是矯揉做作，她也不在乎。㈦不偏食。㈧有一雙靈巧的手。

非得要具備以上八項條件，缺一不可。其中，第二項到第六項，大家一看就懂，至於第一、七、八項就要加以解說了。

「說謊」並不是指眞的欺騙，是指即使討厭那樣食物，她也會說好吃；即使不好吃的，她也會覺得很美味。不論多麼疲憊，仍會打起精神爲男人服務，這種精神眞是非常偉大。

男人也因爲瞭解女人的這種精神，而迷戀她。

(七)「不偏食」並不是從女性這方面來說，而是指男性。指的也不是什麼都吃、什麼都穿，而是女性在選擇物品時，多半會配合男性。如果男性不喜歡這樣東西，她就會捨棄。

(八)「有一雙靈巧的手」是指對女性而言，男人的手是有如引導快感的魔杖。因此，在女性面前要盡量淸楚移動你的手。

♠♠♠♠♠

【以結婚為目的的交往方式⑧】——贈送幸運石

「一位朋友的戀人是出生在四月份，而四月的幸運石卻是最珍貴的鑽石，眞是傷腦筋！」

這麼說，很自然的，你們的話題就會往這方面走，如此你就可以輕易的瞭解她的生日及幸運石。「從我的薪水看來，二月份的幸運石我還買得起！」當你這麼說時，她會將眼前這個男人及幸運石，與結婚典禮聯想在一起。

♥♥♥♥♥♥

70 人緣好的男性會交替著使用女性的語言

你在邀約女性方面做過什麼樣的努力呢?早上搭捷運時，就只顧著看漫畫、雜誌；晚上回家後，則看成人雜誌、錄影帶，或是打電腦，這樣當然不會受女性歡迎。

一邊過著這種生活，卻一邊說：

「唉!眞不知道好女人在哪裡?」

如果你是這樣的人，恐怕就連母狗都不願意靠近你。

並非要你改變全部的生活，但回家之後，你可以觀看一些收視率高得連續劇或錄影帶。根據現在各種收視調查，二十四到二十八歲女性的夜間收視率高的驚人。

流行的戲劇已成爲年輕女性不可或缺的話題了，如果你也能參加，你就能加入女性說話行列。

想和女性維持良好關係的重點，就在於「生活共有感」！

「那部電視劇裡的主角好可憐喔！」

光是這一句話，就會使女性覺得你很親切。

「是嗎？你也覺得那個主角很可憐嗎？我也和你有同感耶！」女性的心，會向你急速的靠近。經常和女性一起吃飯時，會聽到她們說：

「眞好吃！」

然而，會有不在行的男人以說教式的口吻說道：

「不！這家店的味道沒有那家店的好吃！」

這樣會使得你們兩個親近的機會給逃掉了。

如果你是一個有經驗的人，應該先讓女性說出自己的意見，然後再加以附和。當然有些男人也會很直接的陳述他的意見，但這也僅能獲得對方的尊敬而已，你們之間的關係可能因此而壽終正寢了。

71 先掌握有趣的人間資訊

反正已經決定要邀約對方，乾脆選擇一個有趣的地方。首先是餐廳，與衆不同的餐廳陸陸續續誕生，有的商店在用餐時會出現閃電及雷聲，有些店則必須念咒語，如芝麻開門，才能進入。

情侶約會的店，也有很多種。有的人喜歡豪華的地方，有的人偏好幽靜的地方，可以依照自己的興趣加以選擇。

女性也是一樣，如果她的男友是一個一成不變的人，這樣的關係是很容易生變的。爲什麼呢？這就是動物和人不一樣的地方。因爲「性」越有變化，也就越迷人。

對女性而言，性愛這種東西，只要對方是男性，大概都差不多，快感並沒有天地般的差別，反而是：

「這個人總是會帶我去一些比較有趣的地方。」

這種期待感更勝於性愛。如果總是約在相同的地方見面、約在相同的地方用餐，連旅館也是一樣，十年如一日，什麼事情都一樣，倒不如早點分手算了。

反之，經常握有嶄新資訊的男性會被女性所期待，即使對方長相不怎麼瀟灑，外型並不討好，但她也會希望和這個男性共度一生。對於現今的女性而言，與其說她們期待性，不如說她們是期待新鮮的感覺。

從餐飲店一直到遊樂中心、電影院、賽馬場……，不斷有新的資訊進入腦海中，什麼都可以。只要稍微留意雜誌，那麼，你將可以多十倍的資訊量，這樣子，你的頭腦不就像電腦一般了嗎？

♠♠♠♠♠

【以結婚為目的的交往方式⑨】——金錢價值

如果你們是以結婚爲目的，在約會時就應該節省一點，畢竟奢侈的消費僅限於雙方只是玩玩而已。不過發薪隔天的約會，你們倒是可以享受一下。

這樣的交往方式，會使女性認爲他是一個可讓自己安心的老公。因爲女性在考慮結婚對象時，心裡會想像著自己成爲家庭主婦後，如何進行金錢管理。

♥♥♥♥♥♥♥

72 關於貓、狗的知識意外的有用

有人說，喜歡貓的人喜歡睡覺，喜歡狗的人喜歡走路，我想多少有他的道理在。因此，在初次見面時，就應該以她喜歡什麼樣的寵物爲話題，來從中瞭解她的性格。雖然狗分爲室內犬與室外犬兩種，但讓狗兒有充足的運動都是很重要的，因此懶人是不能養狗的。相較這一點，貓就比較不具有活動力，再怎麼懶惰的人都很適合養貓。

當一對男女談情說愛到最後一個階段，女性突然表示想要回去了。一問之下，理由眞是令人大吃一驚，原來是因爲她帶愛犬散步的時間到了。

最近，這類的女性增加相當多。並不只是散步，諸如飲食、排泄、睡眠等，室內犬的作息和主人一致，因此在約會當中，她會注意自己的寵物，也是沒有辦法的事情。

在這樣的狀況之下，你應開始研究飼養狗兒的方法，這可眞是辛苦啊！一開始，你可能爲了要診斷狗，常到女性的家裡。但狗兒原本就是醋勁很大的動物，每當你要接近牠的主人時，狗就會表現得很粗暴。或許你會笑說，要在這房裡親熱還眞是困難。但身爲一個男朋友，研究如何養狗，實在很重要。

相對於此，飼養貓的女性多半習慣和貓咪一起「睡覺」，因此，即使到了該回家的時間，她也不必急著回家，可以放心的在外遊玩。當你邀請愛貓的女性進入你的房間時，如果房裡有柔軟的墊子，那就非常完美了。

總而言之，從來不去研究貓、狗，缺乏這方面知識的男人，就是最沒有經驗的男人。如此一來，女性是不會向你靠近的。

73 「看見的印象」比「說話的內容」還重要

如果你迷戀美女的話，那你是屬於視覺的人類，還是聽覺的人類呢？

「好漂亮啊！我一定要和她交往！」

這是典型的視覺人類。相反的，

「她的聲音眞好聽，再加上聽她說出知性的話，眞想和她交往。」

這就屬於聽覺型的人類。但大多數的人都會從這兩方面來判斷女性，屬於視聽覺人類。

你大概也屬於是聽覺的人吧！當然，美女是很養眼，但光憑這一點就想和她交往，這是不好的。其實你應該先和她聊聊天，再看看是否和自己合的來。如果對方是一個頗具知性的美女，她極有可能不屑男人。

然而，絕大多數女性是屬於視覺型的人，她們的直覺非常敏銳，能夠以一瞬間的印象，來判斷這個人和自己合不合得來。

男人也許不會讓女人來配合自己，但女人卻能看穿會配合自己的男人範圍。昨天還和保守型的人交往，今天卻又能若無其事地和開放型的男人談話。從這當中，她也擴展了和人交往的範圍。

也就是所謂的「柔軟性」，但是這種「柔軟性」的適用範圍，只是在於以下的程度：

「那個男人很好！」

「我不喜歡這樣的男人！」

在一瞬間當中就決定了。即使男人用非常理性的話來詢問對方，但她早已憑著視覺來決定了一切，因此說再多話都是多餘的。

有的男人也許會閉起眼睛來聽女人說話，但是女人就不會這麼做，幾乎所有女人都會睜開眼睛，看著你說話。與其說她是用頭腦來思考話的內容，倒不如說，她是用眼睛來聽人說話。不管你的話再怎麼有理都沒有用，最重要的是，你要能過得了她的眼睛這一關。

從反面來看，如果你能找出一種手段，用以對抗女性這種視覺特性，那麼，你一定會受歡迎的。

74

「想約會的日子」必須在服裝上下工夫

羽毛越美麗的鳥，越會受到雌鳥歡迎。人類也是一樣，女性會追求毛髮濃密的男人。西歐人穿著小禮服的情況，也許我們不太習慣。

有趣的是，即使是上班族，越是認眞的人，他的穿著就越會上下成套的搭配。國內十人中就有九人是如此，在美國大約是五比五，法國人則是十比八。但他們也會準備些上下不同的工作服，才能很巧妙的向女人求愛。

如果今晚要參加什麼宴會，你一定要做一番愛的打扮。或者是第一次約會的夜晚，別猶豫，你一定要穿著上下不成套的服裝。

特別要注意的是，上半身若選擇穿著襯衫，則以白襯衫最好，這是重點。如果穿著太花俏的襯衫，看起來就像花花公子，會使女性對你懷有警戒心。

襯衫及領帶，往往是女性評斷男人個性的依據。所以，不要看到什麼就胡亂的買，應該挑選自己喜歡的，而襯衫和領帶和價錢通常亦成正比。

但如果邀約的對象，是上班族女性，就有些困難，因爲她們多半已經習慣法國式的打扮了。

【以結婚為目的的交往方式⑩】——找出興趣

約會不要僅限於用餐、看電影、聊天，應該找出彼此的興趣，在約會時配合著興趣進行，這樣會使你們更親密。

如果讓她感覺：「和這個人在一起的每個週末都很愉快」，那麼你就勝利了。不只是聽音樂會、參觀展覽會而已，即使是更小的興趣也好，千萬不要覺得麻煩，重視興趣真的十分重要。

這種行動與說話方式一定會被討厭

75 這種奉承話不適用

有時在無意當中，會一直盯著對方看。當我們在被人盯著看時，總會有種不安的感覺，彷彿臉上沾了什麼東西，或者是拉鍊沒有拉一般。

如果都是女性的場合，那麼這種不安的感覺會更強烈。因此，女性在上班前、或是進到化妝室時，都會站在鏡子前仔細端詳自己一陣子。

事實上，她們非常瞭解自己的缺點：鼻子出油了、臉部的肌膚十分乾燥、腿太粗、有點O型腿、乳房太大……等等。這些大多是男人所看不見的部分，但男人卻又會找出女人的缺點更勝於優點，他們會將視線放在女性最不願意被見到的部位。

這種男人在發出邀約對方的請求之前就被討厭了。女性對男性的第一印象是非常嚴格的，她會先判斷這個人究竟是敵人或是朋友？

換句話說，她會分辨對方是眞心讚美自己的優點，還是說說罷了。只需要一瞬間，她就能看破。爲什麼呢？因爲她看得很淸楚，眼前這個男人的視線總是在自己認爲是缺點的部位遊走。

在你還沒有發出聲音邀約這位女性，她就已經暗自決定是否要答應你了。因爲在這個時點，你已經被評價，而且只要她否定了你，就算你條件再好，都是沒有用的。

♠♠♠♠♠

【強迫她的技巧①】——到大樹下

在寺廟或公園裡有很多大樹，約會時可以帶她到這些地方去，在粗粗的樹幹旁，兩人用手圍成一圈。當她背靠著大樹時，你可以很簡單的就親吻她。

你必須用雙手壓住她的雙肩外側，避免她逃跑，如此她就無法逃避你的吻了。

♥♥♥♥♥♥♥

76 即使是她最好的朋友，你都不應該讚美

有句話說：「女人眞正的敵人，就是她旁邊的友人。」你知道這個道理嗎？好不容易把她約出來了，當你們在咖啡館聊天時，你說：

「在妳座位的那一帶眞是令人矚目，妳和隔壁的A小姐都非常棒……。」

如果你說出像這樣子的話，那麼一切都沒有用了。對方會懷疑，眼前的男人，是不是注意到我旁邊的A小姐？

即使在人多的宴席上，女性也會很敏銳的觀察，究竟男人們的目光是集中在哪裡？極端的說：

㈠他的視線固定在A小姐幾秒？

㈡他和B小姐說了幾次話？

㈢C小姐和E先生的視線曾交會過。

她們具有令人恐懼的觀察力，能夠掌握這一切的狀況。

因此，在辦公室裡，即使是坐在旁邊的朋友，卻也可能變成不折不扣的敵人。表面上看來感情不錯，但若其中一人有了男友，甚至準備結婚，另一人就會冷言諷刺。

逮到機會壓迫「隔壁的朋友」也是一種方法，

「眞不知道A小姐怎麼會結婚，你知道她的男朋友是誰嗎？」

在無意識當中暗示著對眼前這位女性「隔壁」的A小姐有所批評，你一旦批評坐在隔壁的A，就表示你和她是站在同一條線上的。此時，兩人的利害關係變成一致了。

大家都要有一個共識，那就是，如果你想邀約女人的話，那麼只能以她們的朋友爲話題。女性通常都喜歡找到和自己一國的，你必須要掌握這種心理，絕對不要隨隨便便褒獎她們的朋友。

77 讓女性反感的一句話及態度

有這樣一則故事：母親和女兒很高興的在用餐，父親回來了，想要喝一杯。

但這時女兒對於刀叉的使用方式不好，因此，父親就提醒她要注意：

「哪有這種使用方法，妳懂不懂禮節啊！」

父親、母親以及女兒自此背道而馳，從此，只能過著寂寞的家庭生活。

這句話的教訓是：

「當快樂的時候，就不要談論什麼正確的大道理。」

被女性所討厭的男性，或多或少都具有這樣的性格傾向。他們不知道，「當場氣氛」是十分重要的。

這也就是平日被公司老闆所感化的結果。在上位者，總認爲自己應該說出自己的理論，也不管宴會是否進行到一半，就會逕行說道：

「各位同仁，我們公司……。」

年輕的男性們都會認爲這樣的老闆很討厭、很無聊，但他們千萬沒料到，當自己加入年輕女性的談話行列中，自己竟變成了：

「妳不可以做這麼危險的事情！」

或者是：

「妳不可以嫁給他！」

而想要展開這種正確的理論呢！因爲他認爲這是身爲一個男人應該提出來的，這完全是男人的誤解。如果你也是這樣子的人，是沒有誘惑女性的資格的。在遊玩的時候，不應該說出具有道德論的話；而在談正經事時，也不可以用玩笑般的口吻。

「眞是自以爲是的傢伙！」如果被女性在背後這麼說，那可眞是得不償失啊！

【強迫她的技巧②】——用報紙遮擋

兩個人坐在公園的長椅上，看到許多情侶肩並肩坐著，這時你也想「我們也……」但是一開始，你一定會覺得不好意思，她也不會願意。

這時的報紙就有很大的效用了，你可以將報紙攤開，告訴她：「看看這張照片！」接著突然親吻她的臉頰，視當時的情況，也許她會允許你繼續吻她。

最重要的是要注意周圍的視線，只要遮蔽妥當，就萬事ＯＫ了！

78 女性會對男人的經驗談表示興趣

如果提到「玉山」，你有什麼印象呢？大概不外乎那是台灣第一高山的印象吧！除此之外，也有人說這是台灣的象徵、是跨越南投、嘉義縣和雲林縣的高山……等等。但對於女性來說，則完全沒有這些印象。

根據一項關於女性的調查，女性們都覺得：如果用雪來化妝的話一定很漂亮、山頂上一定很冷、不知道自己能登上這個高峰的哪一個地方呢？

相對於男性對玉山具有概念性、理論性、社會的印象性，女性則會展現出感覺性、個人性及現在性。

如果無法瞭解男女間的這種差異性，你就會變成：

「那個人說的話眞無聊！」

總而言之，男性是用頭腦來思考，女性則是用身體來思考。要和這種女性談話唯一的方法，就是說出自己的經驗談：

㈠根據我的經驗……

㈡根據我朋友的說法……

㈢根據我昨天所聽到的話……

「根據我登山的經驗，這並沒有那麼困難。」

如果你這樣說，會使女性感到比較親切。

即使加一點謊言也無傷大雅，但重點就是要說出自己的經驗。

79 消極、否定的說話方式會使女性排斥你

你的說話方式是積極的嗎？

「好熱喔！如果再這樣熱下去的話，那眞是傷腦筋！」

「好熱喔！但一想起啤酒就覺得好舒服喔！」

你會選擇哪一則對話呢？沒錯，她當然會選擇後者，爲什麼呢？

因爲女性和男性在一起時，她會希望有快樂的感覺，其中更有的女性會希望得到強度的快樂。因此，如果男性的發言無法創造出愉快的氣氛，那就引不起女

性的共鳴。

女性瞭解自己在精神方面比較脆弱，所以常在無意識當中，會依賴精神力較堅強的男性。

坦白來說，女性不願意和常抱怨冷、熱的男性交往。然而意外的，男性在日常生活中卻常表現出自己脆弱的一面。

「唉呀！糟了、糟了！」

或者是，

「我眞是敗給他了，這個事情我怎麼會做呢？」

聽到這樣的話，女性雖然表現出若無其事的樣子，但你的這種表現已經深深的嵌在她的腦海裡了。因此，當你提出：

「希望能和妳約會」的時候，

「不！」你就會被簡單的拒絕。因此，平常就應該說些積極性的話：

「我一定要更加油！」

或者是在盛夏時說：

「既然已經流汗了，我就一定要一次把它整理好！」

如此積極的男性才能贏得女性的熱情。由此看來，在講究邀約對方的技巧之前，更重要的是你日常的一言一行。

80 約會時絕對不要帶皮包

好不容易晚上要和她約會，你要帶著皮包赴約嗎？根據我的調查，兩人之中一定有一人帶著皮包或紙袋。

女性在約會時最希望對方只重視自己。此時，她若看見你帶著一個大皮包，那麼好不容易提起的熱情，也會急速冷卻下來。

「這麼說來，也許他過一會兒還要再回公司去。」

也許她會這麼想，甚至還會想得更遠一點，就算結了婚也是：

「到底我和工作哪一項比較重要？」

也許每天晚上都會發生妻子責備丈夫的事情。

第一、如果你拿著皮包，一旦有機會時你要怎麼抱她呢？或者在公園的椅子上聊天，如果把皮包忘在那兒，該怎麼辦呢？這也是很重要的。

從這出發點去思考，應該將皮包或公文包暫時放在公司裡面，或是鎖在車站的寄物櫃裡，讓自己的身心、手腳都能爲對方服務，這對你是絕對有利的。

如果你的情敵是公司的同事，而這男人又是皮包不離手的話，那麼你可以放心的發出：

「我獲勝了！」的勝利宣言了。假使你要帶皮包，僅限於裝當天要送給她的禮物。在這樣的情況之下，她是不會責怪你的。

81 穿襯衫、打領帶的姿態容易獲得信賴

現在的年輕人多半會身著輕便的服裝，但隨著服裝的不同，你所邀約女性的層次也不同，關於這一點，你必須要有所心裡準備。

如果是一般女學生，即使穿著牛仔褲，你也具有邀約她們的條件。爲什麼呢？因爲她們從沒有穿著盛裝上大飯店約會的經驗。

年輕女子喜歡輕鬆、日常的氣氛，也許會認爲你穿西裝打領帶看來好像伯父、叔叔一般，她們不太喜歡也說不一定。

但隨著年紀的增長，她們會開始對於這些輕便、稍微骯髒一點的服裝敬而遠之了。即使在街上被穿著不得體的男人碰觸到，也會覺得很不舒服。

年輕女性會覺得穿牛仔褲、輕便的服裝沒什麼，一旦上了年紀，女性所接觸到的全都是穿著西裝的成熟男性。

因此，在西裝裡穿上白襯衫、配上適當的領帶，才是標準的作風，否則就會有種不整潔的感覺。在氣氛的引誘之下，即使你想碰她，女性的肌膚也不會允許，甚至會感到討厭。

在這種情形下，你的呼吸無法和她配合，即使成功的約她出來了，她也不會繼續和你交往。不妨問問在餐廳的服務生，她們一定會告訴你，她們最喜歡的是穿襯衫、打領帶的男性，這樣才能讓她們安心。當然，理由也很奇怪，那就是女性就是這麼在乎外表。

這就好像到別人家拜訪，你會選擇到有名氣的糕餅店去買禮物一樣。又或者即使是相同的水果，在送人時，你不會選擇用超級市場的紙包裝，而希望用一流的百貨公司的包裝紙包裝的道理是一樣的。

有時候，用一流的服裝向年長的女性求愛才容易成功！

82 絕對要讓她的腦海裡保持成功的印象

讓她看到你強悍的一面。例如，當有一群喝醉酒的男人在胡鬧時，你路見不平的將這些人給屈服了，在女性的腦海裡，就會對你擁有這些印象。但若下一次，讓她看到你膽小的一面，什麼話都不必說了，她一定會離你而去。

既然女性認為你是強人，一旦讓她看到你的弱點，她就會對你感到非常失望。相反的，當你們爭吵時，第一次以你向她道歉收場，而第二次你卻暴力相向的話，也會造成女性離你而去的藉口。

這就是「不可以摘下成功面具」的鐵律。曾經一度被感動的事實，如果下一次有完全不同的感覺，這種失望感會增加兩倍、三倍。

有的男人在外非常花心，但回到家後，仍能擁有美滿的家庭生活；也有的男人一輩子只偷腥一次，妻子卻要求離婚。

一方面是因女性的性格而異，另一方面就是女性最信任你的一點完全瓦解。如果她一開始就認為你是花心的男人，也許就不會產生這種失望感。

只怕她一直相信你是誠實的丈夫，因此，就算你只是小小的出軌，妻子也會有種長久以來一直被欺騙的感覺，而陷入絕望當中。

彼此之間會出現無法彌補的裂痕。

這是在引誘女性時一個很有用的教訓。一開始你是以什麼容貌呈現在她眼前，之後，你就不可以改變這種姿態。通常女性離開男性的理由，不是男性裝腔作勢，或者是喜歡喝酒，而是因爲他表現出來的和一開始完全不同。

不論你是邋遢也好、花心也罷，只要是刻意僞裝自己，讓她只見到好的一面，直到最後才露出眞面目的男人，最後損失的終究是自己。你必須瞭解，女性想要的，並不是一個性格一百分的男人。

♠♠♠♠♠

【強迫她的技巧③】——利用外套

愛撫的精髓就是拉住她的手，不是摸胸口，而是讓她的手從上到下觸摸你的下體。

這時可以用外套蓋在腿上，以減少她的猶豫程度。當女性的手接觸到男性下體的瞬間，她心裡已經明白，自己是逃不掉了！這時如果你先觸摸她的乳房，就會讓她有逃跑的機會。

♥♥♥♥♥♥♥

83 利用鏡子提升好感的方法

當女人看到十個男人，就會討厭其中八個。換句話說，只有兩個男人能討她歡心。而另外八個男人，她只會覺得「不是好東西」。

這並沒有貶低的意思，但女性在看男人時，她們會用昆蟲或是動物的印象加以判斷。如果對方的眉毛和手毛濃密，就覺得像毛毛蟲；皮膚顏色很黑的，就被認爲是隻蟑螂。

此外，手腳長的人是熊、嘴唇發光的人是蛞蝓、說話扭扭捏捏的男人就像蛇一樣，女性會把沒有好感的男人想像成昆蟲或爬蟲類。

相反的，如果是她們懷有好感的男性，則會被想像成無尾熊、大象、貓、狗、長頸鹿……等可愛的動物。

因此，先決條件是你必須知道自己被想像成哪一種昆蟲或動物。不妨試著問問女性，我想應該有很多種答案，也許有些女性會透露出自己喜歡的動物名稱。

從這一點，你就可以瞭解自己給對方的印象是好、還是壞。除此之外，你也應該多照照鏡子，研究如何減少留給別人負面的印象，而延伸好的印象。

最近廣受歡迎的明星，大都隨時帶著微笑。也許他們過去時常和人爭吵，或過著非常懶散的生活，但自從上電視演出之後，他們就會把負面的因子掩飾起來。

而在觀衆面前塑造出明朗、亮麗的印象之後，他們也會拚命的對著鏡子，想藉此將過去的黑暗面消除，這也就是他們的成功之道。

因此，你也應該朝著這方面努力喔！

♠♠♠♠

【強迫她的技巧④】——在計程車裡

兩人共乘計程車時，應該讓女性先上車，否則她會坐在駕駛斜後方。如此一來，駕駛可利用照後鏡看到女性的姿態，這就足以構成女性拒絕你毛手毛腳的理由，所以一定要讓她先上車。

接下來你就可以大膽行動了，如果對方不小心發出聲音，立刻就會引起駕駛的注意，因此，她是不會抗拒的。

♥♥♥♥♥♥♥

第五章

向各類型女性求愛的方法

——這樣求愛、這樣追求

讓女性一定會跟著你的訣竅

84

【年長的女性和年幼的女性】
配合職業和性格作戰

使人活動的方法，有這五種戰略：

㈠威嚇——用聲音和態度施以壓力。

㈡自我宣傳——展現自我的長處。

㈢模範——表現的比對方出色。

㈣感嘆——顯得很笨拙。

㈤迎合——配合對方的意向。

但是在邀約女性時，就不能用㈠威嚇了。如果用威嚇的方法，就會演變成誘捎事件，因此，我們必須巧妙的運用㈡到㈤的方法。但在這之前，我們必須先瞭解對方的職業及性格。

例如：㈣感嘆，這對於年長、美女、擁有非常優越才華或好勝心強的女性非常有效，但對於年幼的女性就不太適合了。

對於年幼的女性，適用㈡自我宣傳的方法，爲什麼呢？因爲這可能是年幼女性的初戀，因此，首先必須要做的，就是讓她安心。

而㈤迎合，則用於職業是必須看人臉色的女性，例如服務業。

女服務生或應召女郎往往爲了抒發工作上的鬱悶，在下班後也會去男性俱樂部消費。

如果你是屬於能對女性無限奉獻的男人，不妨將這種女性設爲目標。

㈢的模範，一般適合ＯＬ。對於充滿好奇心的女性而言，你應該常常利用模範的姿態。例如，在乾杯時一口氣將酒喝完，當她的模範。雖然在此並不太建議各位這麼做，但意外的，這種男人非常有女人緣。

或許有些人會有錯覺，認爲這裡的模範是指「紳士般的舉動」，這是完全錯誤的。如果隨時保持紳士般的舉止，那麼，你永遠也邀不到女性。

85

【在什麼家庭環境中長大的女性呢？】

探討她的教養環境及性格的三個問題

不要因被她拒絕一兩次就死心了，也許只是當時的感覺不對而已。

在薪水階級家庭中長大的女性，和在生意人家長大的女性，兩者的性格當然有差異。

同樣是薪水階級，銀行行員和電視台員工的父母所培育出的女性，她們對於異性的觀點也有很大的出入。即使是商家也有所謂新舊之分。因此，如果你們之間的感覺不是很對，你無法向她求愛也是理所當然的。

然而，任何人的背景並非單靠眼睛看就能瞭解。用眼睛只能分辨出外表、身高等的不同，卻無法掌握到她所生長的環境。

在此，建議你用以下三個問題來瞭解對方的背景及性格：

第一　如果晚歸父親是否會囉唆。

第二　家中雙親何者較強悍。

第三　兄弟姊妹的人數。

「如果晚歸，父親會嘮叨。」

這種家庭屬於較傳統的家庭。由此可知，她的父親是屬於早上型。瞭解這一點，今後的應對進退都浮上來了。

然而，這樣的家庭就一定是父親把持權威嗎？事實卻不一定如此。也許母親在家中很強悍，而且是屬於贊成交往這一邊，說不定會暗中幫助女兒。

如果是以父親爲主的家庭，要邀約她就非常困難了。

根據一般的經驗，如果你並不考慮結婚，你是很難追求她的，過程可能會十分辛苦。

此外，在兄弟姊妹越多的家庭中長大，受關照的程度越大。有哥哥的家庭比較容易理解男女之間的交往；相反的，如果只有弟妹的話，因爲缺乏兄姊當榜樣，所以在立場上面就有一點困難了。

從若無其事的對話當中就可以收集到這些資訊，不是很好嗎？

86

【接待客人的行業】
爲什麼需要很麻煩的「過程」？

從事夜間工作的女性要比從前來的多了，她們比在白天工作的女性更容易沈浸在性的氣氛當中，這也是無法否定的。

平常所接觸到的，盡是追求女人的男人，或是裝扮怪異的女人，手挽著手走在街上的男女——眼前所見都是這些情景，自然會湧現性的好奇心，這也沒什麼好大驚小怪的。

然而這種夜間工作的女性，並不是你簡簡單單就引誘得了的。你也許會以「小姐，我們一起去喝一杯吧！」的方式來邀約她，

但是，她們是百分之百不會把這類型的男人放在眼裡的。

「我不是你所想的那種女人。」

這就是她們的理由。男人會配合著氣氛做事情——換句話說，就是「近朱者赤」；但是成熟的女性，卻是「青出於藍而更勝於藍」。

「只有自己和其他人不一樣。」

她們有這種自負，只會和認同自己的男人交往。因此，即使是以肉體爲職業的女性也會認爲：

「希望和自己交往的對象，不是以性爲目的。」

進入風月場所的女性也會有這樣的想法。

男人和女人決定性的差異就在於：男人重視性的「結果」，女人則重視性的「過程」。而這個過程是否愉快，會讓她有所決斷。

對於男性而言，這或許是浪費時間，但對女性卻是非常重要的。

♠♠♠♠♠

【強迫她的技巧⑤】——親吻她

「下次我一定要親她」，或是「我一定要摸摸她的屁股」、「我要把她的手腳綁在床上」……，你可以如此胡思亂想，接著就付諸行動吧！

在無形當中，你會漸漸感到，如果不這麼做，將無法再滿足自己。因此，要盡量使用刺激的表現，而雖然女人口裡說「好恐怖」，但她卻也有部分的期待。

♥♥♥♥♥♥♥

87 【有企圖行動的女人】要注意賣弄風情的話

對異性不在行的男人，往往只要壞女人的一句話，就會被拖去吃飯。

「眞好吃！」

女性會裝著一副若無其事的樣子。

說起來也許很可笑，但男人只要看見她用叉子叉住食物往嘴裡送，從嘴唇發出聲音的樣子，男人就會想像成H的景象。接下來，一邊喝酒，頭腦裡一邊盤算著：是不是該上旅館了呢？

然而，她卻接著說：

「今天眞謝謝你請我吃飯！」

說完，她就回家了，留下獨自生氣的男人，這種情形我也曾碰過幾次。而大家必須要知道，這樣的女性分成兩種：

第一種是以職業級的手法，只希望從男人口袋裡掏出金錢或禮物，是眞正的壞女人；另一種則是想表現出「我不是好惹的」的壞女人，藉此戲弄沒有經驗的男人。不管怎麼說，年輕的男性都不適合和這樣的女性交往。

當然，其中也有會很溫柔地和你握手、用臉頰貼近你，以表示嫵媚的女子，你實在搞不清楚她們的內心究竟在想什麼？

「咦？你的襪子好像脫線了。」

也有這種故意將視線移到男人腳部的壞女人。她們百分之百瞭解男人的視線也是在女人的腳部移動，於是反過來這樣捉弄你。

諸如此類，這種才見過一兩次面，就會說些故弄玄虛的話，向你賣弄風情的女人，你還是少惹的好，免得惹禍上身！

♠♠♠♠

【強迫她的技巧⑥】——急坡的魔術

你從上面抓著女性的手，將她拉上來——試著找找有沒有這樣子的地方。急坡或是很高的階梯，或是從水中拉她上岸都可以。

在拉她上來的同時抱住她，這時的她是無法逃開的，而且你還可以享受擁抱的快樂，當然親親她也是可以的。

♥♥♥♥♥♥♥

88

【貶低男人的女人】

如果你引誘這類女性，接下來就麻煩了

有些女性會貶低男人，根據經驗也是如此。

「眞是無聊的約會！」

在男性面前發出這種不滿的聲音，而且還表現出一副不在意的樣子，對男人而言，這種被害的程度是非常大的。這時，

「那麼今天就此結束好了！」

不妨乾脆就表現出這種態度給對方知道。這樣的態度在傷害女性自尊心的同時，也把她留在原處，也許會惹得她生氣或哭泣，但請不要管她。

雖然碰到女性這種態度，男人就不去管她，這種作法對男人百分之百不利。但是，她既不在乎你出錢請她吃飯、約她出來，還表現出一副不滿的樣子。對於這種女性，男性應該以一種斷然的態度拒絕她。

在你採取這樣的態度之後，場面也許會有些轉變，

「眞對不起，是我不好！」

也有女性會這樣率直的道歉，或者隔天向你道歉。也有不少的情況是以此爲契機，反而急速的親密起來。

在此，你必須要留意一點，邀約這種女性以後會很危險的。對方越是採取低姿態，以後想要離開她也就越發困難了。

若一不小心成爲她的丈夫，到頭來，你可能就要忍受她的無理取鬧。根據社會經驗，還是不要和這種女性深交才是聰明的作法。

邀約女性非常重要，但邀約成功後，後續的發展更重要！

89

【賣弄風情的女人】

擁有自信，趕快向她求愛

你是否曾遇到過賣弄風情的女人呢？看起來好像希望人家約她，但當你眞的約她了，卻又可能被拒絕。或者是，

「唉！不知道要和誰出去玩？」

當你要約她時，她卻表示：

「我不喜歡出去玩。」

眞不知道這種女人在說些什麼？遇到這種狀況時，你千萬不要對她生氣。因爲恐怕就連她自己也搞不清楚該怎麼辦才好。

在她的腦袋裡或許正想著：我應該和這個男人出去玩好呢？還是和那個男人出去玩好呢？或者和他們出去都很麻煩，我乾脆待在家好了。她正在迷惘著，不知道「該這樣、該那樣」。

換句話說，其實她是很想出去玩的，所以她的臉部表情及言語就會不自覺的勾引男人去約她。只要能夠解讀女人這種深層心理，要引誘這種女人就只有一種方法，那就是立刻行動！不要問她：「要不要一起去玩啊？」你應該積極的對她說：「走吧！」

依場合的不同，你或許可以拉著她的手：

「我們趕快走吧！我們去消化消化吧！」

或者是，

「幹嘛一個人待在家裡，這麼無聊，我們一起出去兜兜風！」

由你這一方來下結論。

因她原本就很想出去玩，這時如果你積極的約她，那麼她的「該這樣、該那樣」的猶豫就會一吹而散。況且，女性基本上是被動的，她們原本的性格就是「因為誰，而我做了什麼」，或者是「誰要我做什麼」，她們會將主動權讓給男人。

你千萬不要讓這大好的機會溜走，否則會是你的損失喔！

♠♠♠♠♠

【強迫她的技巧⑦】——在電梯裡愛撫

當電梯門一打開，出現擁抱中的男女——有時候我們可以看到這樣的情形，這時女性往往會責備男性，要在電梯裡擁抱或親吻很困難。

這時男性應該站在女性背後，用手撫摸她的胸部，如此男性可以看到電梯的樓層。即使遇到緊急狀況，也可以立刻裝作什麼事也沒有的樣子。

這也得要女性允許才可以。

♥♥♥♥♥♥♥

90

【年長的女性】有心理準備像奴隸一般吧！

如果你一眼看見她，就直覺她是屬於標準的年長型女性。那麼，你要誘惑她的方法非常簡單，那就是向女性進貢。

這時，你就要付出心力了！在星期五餐廳裡有各色各樣的男人，但綜合而言，她們都是要爲年長的女性盡心盡力，自己是站在貢獻的一方。換句話說，年長的女性具有疼愛男人的特徵。

最近，在結婚的男女當中，同齡的夫妻或老妻少夫的情形異常的增加。現代女性大多擁有經濟能力，加上彼此又談得來，年齡也就不這麼重要了。

因此，你應該積極的接觸年長的女性，但在年長的女性面前，千萬別顯現一副花花公子的模樣，相反的應該讓她感覺你是一個可以疼愛的人。說的極端一點，你可以表現出奴隸型。

如果她的腳痠，你就替她揉腳，讓她高興；如果她想騎車，你就趴下來，讓她騎在你的背上。

諸如此類的作法都是對你有利的。有一位經濟情況還不錯的年輕上班族，說年輕，也四十歲了。他那比他大十歲的女友，就是用這種方法追到的。

女性生來位居弱勢的情形較多，在家得聽婆婆、丈夫的話，總是沒有贏的一面。因此，當她們去買東西的時候，就會有——

「我一定不能輸給老闆！」

的念頭，使她們會不斷的殺價。若這時出現一個男人，甘願居於弱勢，為女性服務，那眞不知道會帶給女性多大的快樂。在這個年紀會有一種自卑的心理，所以她會疼愛比自己年幼的男性。你想不想試試被疼愛的感覺啊！

91

【中年的女性】不露聲色的進攻最好

有一句話叫「不動聲色的色鬼」，大家都相信不愛說話的男人比較沈溺於性愛。而且很不可思議的，這些男人也比較受女性的歡迎，為什麼呢？

越熱衷於工作的男人，當然越沒時間說話；越會賺錢的男人，話也較少。女性鍾情的男人就是這種充滿服務力，而性愛次數也較多的男人。這是原因之一。

其次，說話會消耗體內的精力。在我們說話時，頭腦必須不停的轉動，這時會使血液循環較快，因此，累積在下半身的血液量就會相形減少，這是非常重要的常識。

第三點是，因爲女性自己愛說話，所以她不希望男性太愛說話，但這只適用於中年婦女，並不適用年輕的女性。

年輕的女性，例如十多歲的少女並不喜歡「色鬼」，所以，她反而喜歡會說笑話、會講甜言蜜語的男人。因此，如果你的對象是中年女性，唯一的方法就是不動聲色的進攻。不論你的口才有多麼好，也不要讓對方覺得這個男人怎麼這麼愛說話，否則只會使她逃之夭夭罷了！

女性到了中年，累積某種程度的經驗，使她一眼就能分辨這個男人是否好色。並非所有的中年女性都熱衷於性愛，但到了這個年齡，已經不再愛聽什麼「風花雪月」、「美麗的花朵、蝴蝶」之類的話了。

最後不妨帶她上旅館去！

92

【人妻】只要遵守時間，一切都可以進展很好

當你在引誘別人的妻子時，訣竅是不要太強迫。

「走，我們去飯店吧！」

即使說出這種話，但因對方清楚自己的身分，所以幾乎不會答應。

好不容易成功的約她吃飯，接下來到酒吧喝一點酒，使她全身都能放鬆之後，她的內心已經在計算：我是要回家，還是要繼續留下來玩？

爲人妻子的女性，對於男女之間的事情已有相當的了解，在這情況下，你可以告訴她：

「時間方面，妳千萬放心！」

不要讓她把所有的焦點都集中在「時間」上面。怎麼說，她也是有丈夫的人，在和別的男人用餐時，她會想：

㈠回到家裡就只是一堆煩惱的事情而已。

㈡ 眞不想這麼早回去，晚點回家也沒關係吧！

㈢ 如果可以，眞希望被擁抱。

這些狀況是毫無疑問的，因此，你應該集中心力在一點來引誘她，這樣一定會如願以償的。

「被我擁抱是理所當然的！」

你必須要有這種打算，而且你在意的就只有時間而已。

「妳幾點之前要到家呢？是不是有什麼貴重的東西要送達呢？」

用開玩笑的口吻這麼說，這樣她就會在微笑當中說出時間，如此一來，你只要在時間之內自由的衡量就可以了。

此外，你還必須注意到的一點，千萬不要說出會讓對方不安的話。

「你先生今天不會突然早回來吧？」

像這種傻話是絕對要避免的！

已婚婦女的不安之一，就是害怕會被認識的人撞見。在熱鬧的街上，也怕會碰到丈夫的朋友。關於這點，你可以帶她到不會引人注目，能讓你們安靜地慢慢聊天的地方，如此才能讓她放心大膽的和你一同出遊。

93

【偷情】希望能從對方身上得到丈夫所無法給予的

已婚婦女雖然有了丈夫，但她們對愛還是渴望的。女性會希望愛人經常碰觸自己，但丈夫在婚後往往會變得冷淡，甚至連看也不想看。

「你還愛我嗎？」

「我當然愛妳啊！難道我還不夠愛妳嗎？」

男人當然會對妻子這麼說，或者說完後會立刻給妻子一個擁抱和親吻。雖然女性當時是放心了，但還是感到不滿足。

因爲「我愛妳」這句話，是在妻子的催促之下，丈夫才不得不說的。

這時，外來的誘惑就會產生力量了。丈夫無法給予妻子的愛，一旦有個男人能滿足她的空虛，女人就會接受這個男人。

當然，不只是愛而已，例如妻子煩惱丈夫每月給的家用太少，這時若有非常熱心的男人能充當她的商量對象，那麼，她對這男人也會懷有好感的。

以下是陸先生的經驗：有一位妻子因爲丈夫的嫉妒心十分重，只要一不在家，丈夫就會不高興。最後，這位妻子對丈夫的行徑發生反彈，於是她乾脆把男友叫來家裡。陸先生就是其中一人，當然，他們也發生偷情的關係。

女性因爲得不到想要的自由，所以她們就會尋找一個可以給予自己自由的男性。以前的女性會認爲「結婚就是一種束縛」，但現在不這麼認爲了。大不了就是離婚嘛，她們內心都有這樣的覺悟，同時也在內心留了這一扇小窗。

和幾位女性交往過後，你就不難發現女性心中的這扇小窗，而你不應該努力的去打開它嗎？

♠♠♠♠

【強迫她的技巧⑧】——在電話裡說一些肉麻的話

「我真想和妳在一起。」這種平常無法說出口的話，在電話裡都可以放心大膽的說出來。女人雖然嘴裡說「討厭」，但是對自己說這些話的男性聲音，會使她感到興奮。

如果僅止於牽手階段，就可以藉著電話說這種肉麻的話。從來沒聽過，當男性說出「真想早點抱到妳」，這種話後，女性會咔擦一聲切斷電話的例子，我們可說女性的耳朵，生來就喜歡聽這些愛的呢喃。

♥♥♥♥♥♥

94

【小女人型】小女人就是要她和壞沾上關係

「眞對不起，一切都是我的錯！」在強行和她發生肉體關係後，一定要記住說這句話。這並非是要向她道歉：

「我是被壞男人連累的，這也是沒辦法的事情！」而是要讓她有這種覺悟。

這句話對於小女人是非常有效的。越壞的男人，就越會對女性說：「看看妳的衣服有沒有皺。」

或者是，「我們在附近叫輛計程車，沒問題的，妳放心！」

一定要讓她有安全感，這時候這位小姐會認爲，「也許情況沒有我想像那麼糟。」而有原諒的想法。事實上，和女性交往時，你可以立刻發現，越是屬於這種小女人型的女性，就越有喜歡壞男人的傾向。

戴墨鏡、留鬍鬚、穿著吊兒郎當，或是叼根煙的男人等，這種在同性的眼光裡，屬於不對勁的男人，卻是深受女性的歡迎。

這就是潛藏在此類女性內心底的「被怎麼樣的慾望」。她們會幻想著：住在寬廣的豪宅當中，聽見窗戶底下傳來的聲音，之後被強拉出門外。

但要做出這樣的事情，乖乖牌是辦不到的，因此，女人會幻想強而有力的男人。

女人也會想像自己面對粗暴的男人，抱著棉被，激烈反抗的模樣。

「不要！不要！」一面尖叫，一面想像自己的身體被侵犯。如此說來，偶爾換一下相處的模式也是不錯的方法。如果你認爲面對這樣的女孩子就應該要溫柔，那你肯定缺少她所認同的男性魅力。

♥♥♥♥♥♥

【強迫她的技巧⑨】——聞香水味

「這種香水好香啊！妳擦在什麼地方？」如果你這麼問，一般人的回答都是用手指著耳朵後面。「可不可以讓我聞聞看？」如果你再這麼說的話，女性會說「真不好意思」，然後將頭髮挽起。

雖然你們沒有親吻，但她已准許你看她的耳後了，因此，她的內心應該感到非常甜蜜。就在男性嗅女性的同時，可以用雙手從背後抱住她的身體，她應該不會責備你的。

♥♥♥♥♥♥

95
【防衛意識強的女人】
要小心警戒心強的女人

有些女人已經過了中年，但她的警戒心還是異常的強。即使只是在公車裡不小心碰到她一下，她就會狠狠地瞪你一眼，或是慌慌張張的左顧右盼，這是防衛意識過剩的表現。

面對這類的女性，男性就不容易接近嗎？其實並不然。這種舉動的專有名詞是「自我防禦機制」過強，卻反而會以反動、退化、轉嫁、昇華等行動來表現。

說的更明白一點，也許在她的內心深處渴望被男性追求、渴望性、渴望愛。但她卻會如同公車內的例子一樣，將責任轉嫁給男人，並且將性等需求，轉而投注在宗教等方面。

再換句話說，因爲她對男人非常有興趣，所以她會封閉內心，提出非常強烈的警戒心，其實她的內心深處是十分渴望的。在這種狀況之下，使女性安心是首要條件。

「對不起，我撞到妳了……。」

「眞的很抱歉！」

這種紳士的態度正是和此類女性接觸的好機會。

如果在公車內被對方瞪的時候，你卻回她一句：

「我又不是故意要碰妳的！」

表現一副不在乎的模樣，那你只有被瞪的份了。

「眞對不起！」

如果你主動道歉，她非但不會責怪你，她還會解除所有的武裝防備。

某個朋友稱一位老紳士爲「『對不起』爺爺」，他會在百貨公司，對在櫥窗前走動的女性說：

「眞是對不起，有時間的話，要不要喝一杯茶？」

他會不斷的說「對不起、對不起」。根據老爺爺的說法，這樣的效果非常好。因爲在同一時間內，他給了對方思考的時間，當然也給了對方拒絕的時間，但至少對方會解除她的警戒心。這位高齡花花公子斬釘截鐵的說：

「焦急是絕對無法使事情順利進展的！」

96

【從女人的嘴唇瞭解——】為男性介紹女朋友的女性類型

有些女性笑時喜歡用手遮住嘴巴，並非表示她是暴牙，而是她不願被別人看見她張嘴大笑的模樣。這是因爲笑時張開大嘴的女性，容易被視作貞操觀念淡薄的人。

女人的嘴唇是秘密之一，容易開口的女性有三點是開放的：

㈠對性的態度。

㈡易揮霍金錢。

㈢話多，不容易保守秘密。

女性的嘴唇和性器官是一樣的。換句話說，張開大嘴笑的女性，就是較缺乏貞操觀念。當你去酒吧喝酒時，不妨注意此類女性。

此外，女人的嘴唇就像癩蛤蟆的嘴一樣，吝嗇的女人總會將口閉得緊緊的。相反的，嘴巴常常張開的女性比較愛玩，也較易受男人的誘惑。

這類女性也因爲愛說話而不容易保守秘密，即使是交男朋友也一樣，她會把你們的關係告訴好朋友、父母親，所以，你們很難維持不爲人知的秘密關係。

不論如何，這對男人而言並沒有什麼損失，反而這類女性常有令你驚訝、覺得不可思議的新資訊出現。和她交往，會覺得很快樂，即使你們沒有存在性的關係，也能處得十分融洽。

有趣的是，這類女性周圍會聚集很多女性，因此，她很可能會幫你介紹女友，所以你一定要多多認識這類的女性。

♥♥♥♥♥♥

【強迫她的技巧⑩】——訴說「腹痛」

「我的肚子好痛！」你不妨跟她說說看，她一定會很擔心。然後你再大膽一點的說：「不是那個肚子！」這時，她一定會被你搞得莫名其妙。

「事實上，是我想妳想得受不了，想到下面非常脹！」

「你們男人就是這樣子，真傷腦筋！」

如此一來，兩人就好像做愛一般親密！

♥♥♥♥♥♥

97

【不可以引誘的女人】必須事先計算誘惑後所產生的問題

男追女也有好不容易成功的誘惑對方，答應和自己約會，但之後卻發生許多意想不到的問題。

其中最多的問題就是：男性只抱著玩玩的心態，而女性卻是認眞的。所以當男性想要提出分手時，卻遭對方提出遮羞費的要求，這種例子實在不少。

男女之間的關係，只有當事人最清楚。兩人的關係是認眞的，還是玩玩的而已？有結婚的念頭，還是允許對方再交男女朋友？各式各樣的情況都有。

再怎麼說，都不希望引起紛爭。那麼，到底應該如何避免呢？

總歸一句話就是：在「喜歡」的領域停下腳步。一旦踏進「愛」的領域，除了結婚之外，就是地獄了。但缺乏與女性經驗的男人，卻總是期待對方心中只有自己一人。

如果你喜歡，當然不會發生問題。而你讓她喜歡的結果，就會讓對方有錯覺，認為這個男人也很愛自己。女性在喜歡與愛之間，通常無法區別。但若完全苛責女性，也是不公平的。因為會使女性感到迷惘，百分之百是男性造成的。

想想看，要追求女性其實是非常簡單，反倒是追求之後，要想走出這愛的泥沼，就不簡單了。坦白的說，女性也不好惹，所以你在交往中就應該算計好往後的情況。

因此，兩性的交往，彼此應該互相理解，才能進行一場歡天喜地的愛情戰爭，千萬不能只想著眼前的好而已！

♠♠♠♠♠

【看穿女人心意的方法①】——難為情的女性是處女

有些女性，你光用手撫摸她，就會讓她感到不好意思。

當你將她的手夾在肚子前面，擁抱她，讓她喘不過氣時，她會很慌張的說：「不要！不要！」這種女人一〇〇％是處女。

處女的好奇心非常旺盛，所以你可以盡可能的觸摸她。如果對方是處女，你只要這麼做，就能讓她興奮。

♥♥♥♥♥♥

98

【男人的想法、女人的想法】下流的性器與上流的性器之不同

曾經有一句話，充分說明了兩性想法的差異。

它是這麼說的：「男人想像女人的裸體，女人則想像男人穿燕尾服的姿態。」又有一句話是這麼說的：「當女人被惹得心花怒放時，她會假裝不關心，但男人就會立刻出手了。」

甚至有人認為，「女人會意識成雙的同性，而男人則意識成雙的異性」。男人和女人雖然看見相同的風景，但是，他們心中所湧出的意識、感情是截然不同的。不擅長對待女性的男人，就無法瞭解女性的這種心理。

決定要結婚之後，女性首先會想：

「到哪裡蜜月旅行好呢？」

「在哪裡舉行結婚典禮呢？」

她們想的都是這些羅曼蒂克的事情。關於這一點，只要瞭解女性的心裡是

「想像著燕尾服的姿態」，就不難瞭解，爲何每個女人都會說出這樣子的話。

當你和一個女性認識後，與其說她是想像被穿著睡衣的你擁抱，倒不如說她會想像著被穿著黑色禮服的你擁抱。說起來也奇怪，但這時男性的性器官就會被感覺比較上流了。

要說男性的性器官下流，男人本來就認爲：陰莖不就是用來做那回事的嗎？事實上並非如此。對傳宗接代而言，男性的性器官就是上流的，這被缺乏性經驗的女性認爲是理所當然。

然而，性經驗豐富的女性，有時候就會希望下流的那回事了。因爲她已經厭倦了上流的東西，所以這時出現的是肉體的慾望。

如果將描寫激烈性愛的暢銷書本，用在沒有性經驗的女性身上，那將會導致大失敗。

你必須要瞭解的一點是：現在和你交往的女性，她過去的性經驗如何？不同的性經驗會有很大的差別，你應該試著研究她在想像什麼了？

第六章

在哪裡、如何的引誘她？

——從約會的方式到親吻、擁抱

女人對於這種「強迫」是不會反抗的

99 在這裡使用強迫的技巧

有的男人說，對女人就是「一強迫、二強迫、三強迫」。依情況的不同，這是屬於正攻法，但也不一定都管用。

若對不認識的女性使出這一招的話，她就會叫警察來了。這種「強迫」的格言，應該是在下一步才使用的傳家寶法。

例如，你們已經到了相當的程度，

「嗯，好不好嘛!?」

男人半強迫似的。

「不行！絕對不行！」

女性一下就反彈回去了。這時，你如果因爲女性說不，就心生膽怯的話，那麼往後機會就不再來了，這個女性很可能與你就此分手。

「我並不喜歡你，我們合不來。」

對男人而言，他實在搞不清楚這是怎麼一回事。在這之前，兩人的感情已經到達某種程度，但當想做那件事情時，卻遭到拒絕。原本想下次一定會成功，但她爲何又突然說「討厭」、「想分手」呢？這不禁令人愕然。

這對女性來說，若當時對方強迫，她可能就會答應。但他爲什麼不堅持呢？就因爲他的不堅持，使自己焦躁的情緒也升高了。

不管是誰，都有情緒高漲的日子，也有提不起勁的日子。然而，不瞭解女人這種心態的男人，總認爲女人心就好比算術的加法，好像「1＋1＋1」，這樣一步一步的踏著往上數到十。

沒錯，思考著結婚的女性會這樣一個階段、一個階段的，從各方面來瞭解男性。然而，性慾就不是這種加法所能點燃的了，而是因爲當日的感情瞬間點燃的。它是一種無限的級數，只有這時才適用於一強迫、二強迫、三強迫。更重要的是，如果你不強迫她，女性是不會滿足的。

本來自己就想要，卻沒法要，這時就希望對方能強迫自己。被強迫也會有快感，請各位男性務必瞭解這一點。

100 當被拒絕而死心時，應該再度強迫對方看看

如果邀約她一次而被「拒絕」，千萬不可就此灰心，這時應該冷靜的分析被拒絕的原因，然後再下決定。

㈠ 因為討厭而拒絕。

你大概沒希望了，這也是沒辦法的事情，乾脆死心吧！即使某天她會成為你朋友的戀人，也請不要恨她。

㈡ 認為自己配不上對方而拒絕。

有些女性會有這種心理。如果你屬於社會上的高階層，卻被對方拒絕，你一定十分懊惱，甚至喪失自信。但是從女性這方來看，也許她也在煩惱，自己只是個平凡的ＯＬ，怎麼配得上你呢？

㈢ 因爲現在有正交往的男友而拒絕。

這種例子很多。她並不是討厭你，只是現在已經有男友了，所以很難再接受你。在這情況下，如果她和男友分手，你就有機會了。

㈣ 雖然想和你交往，但目的不同而拒絕。

雖然你對她懷有好感，但你的出發點是性，而不是結婚。若對方是以結婚爲目的的女性，就會因爲彼此想法不同而拒絕你。

大體而言，被拒絕的理由有這四種。如果屬於㈠，不要太勉強了。但若屬於後三者，也許可以進一步的強迫看看。

你是否曾被拒絕過一次就死心了呢？你是否應該先仔細分析被拒絕的理由爲何呢？你是否應該仔細瞭解女性的心裡在想些什麼呢？然後再度對她發動攻勢，也許她就會心動了。

101 被拒絕後立刻再邀她一次

「下星期二我們一起去看展覽會好不好？」

「不行，那天我剛好沒有時間……。」

女性就這麼乾脆的拒絕了，這一瞬間，空氣好像凝結住了。

「那眞的很可惜。」

「對不起！」

如果你以這種方式收尾，那麼你買這本書就一點意義也沒有了。因爲這時女性的心裡很可能也認爲：

「我眞不應該拒絕他。」

在她說『NO！』之後，你應該立刻再邀約她一次。

「眞的不行嗎？」

如果她在拒絕你時有一瞬間的猶豫，那毫無疑問的應該是OK了。

「所花的時間不會很長，我想妳趕得回來的。」

因爲她以「沒有時間」爲理由，所以你可以補充說，你一定能讓她趕回來。

如此一來，她應該很容易的就會答應。或者你可以用另一種強迫方式：

「如果那天妳不方便，那我們改別天好了！」

有些女性不會在男性第一次邀約時就答應，所以你至少要邀她兩次以上。

「一強迫、二強迫」這種方式並不是隨時都有效，必須是對方有道歉的意思，或屬於比較傳統類型的女性才有效，務必記住這一點。

盡可能在一開始引誘女性時這麼說：

「這次展覽會非常好，不去很可惜。」

讓對方很難說出ＮＯ。

一面下工夫邀約對方，一面必須傳達自己強烈的意願給對方知道，如果以可有可無的態度邀約對方，那一定是你的損失。

♠♠♠♠♠

【看穿女人心意的方法②】——以擦香水的女性為目標

在週末擦著香水，獨自一人的女性可能代表以下情形：

㈠被男友甩了；㈡在尋找有沒有好男人——。

因此，你應該積極的向她求愛，並將焦點放在香水上面，因爲她認爲香水就是代表夜晚。

♥♥♥♥♥♥

102 對於命令的、斷定的麻痺的女性

你與自己心儀的女性在走廊擦肩而過，

「等一下三點的時候，我打內線給妳。」

男性以命令的口氣對女性說完就離開了。這時不知爲何，她又立刻說道：

「不行，我三點不在。」

她拒絕了對方。但事實上，她是拒絕嗎？也不盡然，她在心裡想「眞傷腦筋」的同時，可能在三點時，她的心就不由自主浮躁起來，一直盯著電話看呢！

如果女性家庭裡沒有兄弟，只有姊妹，那麼女性會對這種命令的語氣感到麻痺。女性都會希望擁有哥哥或弟弟的願望，不用說，如果希望擁有哥哥的話，那是屬於撒嬌型；如果擁有弟弟的話，多半是屬於女強人。如果在只有姊妹的環境中長大的女性，不管是誰，都幾乎沒有被命令過，所以有的人會覺得，用命令口吻說話的男性是屬於「異種人」。

而這個男人在三點時一定要依約打電話給這位女性，由於是公司電話，因此

無法談私人的事情，只能說一些「是的」，或是「不」、「沒有辦法」、「我知道了」等等禮貌的話。你就可以掌握這個機會，以斷定的口吻說話。

「下星期五，妳有空吧！」

「我沒空！」

如果這樣子回答就必須要說明理由，可是又很難說出理由，於是她就會回答「是」。

「眞謝謝妳，聽到妳這麼說我就安心了。我會找個時間，將音樂會的票送給妳。」

「謝謝！」

雖然一方面她完全依照男性的話來做，但是在這樣的場合，她也不會對無理的男人感到生氣。

103 將她的資料完全記錄下來

如果你沒有把握能約到同公司的女同事，那麼你可以有意無意、若無其事的傾聽她和其他女同事間的談話。

「○○眞是個好人！」

如果她說出這句話，你就將它記在自己的筆記本上。

「我好喜歡夏天！」

也將這個記下來。收集了二、三十句話之後，就進行分析。

結果會發現：她喜歡乾脆的男人，喜歡夏天更勝於冬天，而且喜歡狗更勝於貓……等等。你還可以進一步分析：她喜歡戲劇更勝於音樂，或她晚上習慣熬夜……等。如此一來，攻擊目標的姿態不就淸淸楚楚呈現出來了嗎？

尤其是關於食物、電影、明星方面的喜好，你一定要仔細的紀錄下來，因爲這對於你們的約會最有幫助。她喜歡吃什麼食物、談什麼話題，都在在能左右她對你的好惡。因此，你最好在事前收集有關她喜好的資訊，這非常重要。

不過，不可以只因爲你知道，就單純的說：

「要不要吃法國料理呢？」

爲什麼呢？因爲她很有可能昨天也吃義大利麵、今天也吃義大利麵，所以你認爲她今天應該想吃法國料理。

這時候，你應該乾脆的說：

「想去吃什麼呢？妳比較喜歡吃哪一種料理呢？」

「沒關係，我吃什麼都好！」

「那我們去吃法國料理，如何？」

「喔！我最喜歡吃法國料理了。」

像這樣子，要約自己公司同事時，讓對方認爲——

「他非常瞭解我，我們眞是合得來！」

是成功的秘訣。極端而言，你們在一起工作半年了，你應該仔細觀察她，甚至她特定的生理日。

♠♠♠♠♠

【看穿女人心意的方法③】——如果有狐臭，那就ＯＫ！

並不是指什麼難聞的狐臭味，而是女性在興奮時，身體會自然發出一種體味。也許你從表面看不出有何異常，但是你注意特殊部位的話，就可一目了然了。

雖然不是盛夏，但她罩衫內的腋下，卻呈現濕濡的樣子，那就ＯＫ了！反之，如果她還不夠興奮的話，她是不會允許你有進一步的舉動的。

♥♥♥♥♥♥

104 與其光是微笑，倒不如以行動、言語爲優先

古時候有一則故事，有一個年輕的姑娘在賣煙，有一個青年每天都向她買煙，但是有一天當他到這家店去時，只見一位老爺爺坐在店裡。青年覺得奇怪，於是開口問這位老爺爺姑娘的下落，原來她已經嫁人了。青年感到非常沮喪，從此，也就不再光顧這家店了。

有一天，這位青年看見那位姑娘和一個男子走在一起，而且這個男人十分眼熟，原來也是常常去買煙的人。以前那個人去買煙時，總會說一大堆言不及義的話。這時候，青年不禁喪失了自信，爲什麼這位姑娘會嫁給這種人呢？

答案其實很簡單，和只會笑卻不說話的男人相比，會對女性閒扯、甚至說些恭維話的男人，這種人比較容易讓女性動心。

與此類似的情況，現在也會發生。你是不是有喜歡的女性呢？你是不是一句話也沒和她說過呢？在女性看來，即使她淸楚對方對自己懷有好感，但因爲對方

一點行動也沒有，因此女性也沒法表示什麼。

所以，與其只是微笑，倒不如以言詞和行動爲優先，只要是你懷有好感的女性，你都應該將重點放在「言詞與行動」上面。「早安」、「再見」也好，總是要說一些話吧！這個時候，也可以同時動動手來表示自己的行動。

如果，這位常到煙店買煙的青年也能若無其事的說「謝謝」、「對不起，我沒有零錢」，或者是「今天天氣眞不錯」等等的話，那麼結果應該截然不同。

相信有很多讀者不敢取笑這故事中的青年，但是各位一定要知道，當你想要對一個心愛的女性著手的時候，不說話是致命傷。如果你說：沒有辦法，我就是這樣子！那麼，我只好對你說：抱歉，你以後想要有進展，也是很困難的！

105

一定要有明確的目的，說「我們去這裡吧！」

有些男人就是這樣子，明明是自己邀約對方，卻又問對方：

「要去哪裡呢？不知道去哪兒比較好？」

在這之前，女性並沒有想到男性會約自己，因此，也不會事先想——

「想去哪裡？」

這時，如果男性又問女性：

「哪裡比較好呢？」

那麼女性大概就會對這男人死心了。如果你要邀約對方，那你事先就應該準備好「到哪裡去」。

「如果妳有時間的話，我想約妳出去。」

與其這麼說，倒不如說：

「在某某地方，有展覽會，我們一起去看吧！」

這種邀約的方法才是上策。因為，即使被拒絕，你也可以知道她對這種展覽會沒有興趣。非但你不會受傷，女性也不會覺得你有什麼不好。

在約對方時，TPO非常重要。如果，在她穿著輕便服裝時，你約她去看美術展或聽音樂會，那麼她大概會躊躇不前。相反的，如果在她穿著套裝時，你約她去看棒球賽的話，她也一定不想去。

但是，有很多男人就不會注意到這種感覺。在女性擦香水的日子，還約她去吃中華料理，那特別噴的香味，都被中華料理的油煙味給打散了。

男性在瞭解女性這種心態後，就應該主動握有主導權，女性也可以藉此判斷這個男人的興趣，是不是適合自己。

千萬不要認爲，只要女性答應你的邀約，一切就能夠進展順利了。我們可以這麼說，女性是主考官，尤其在頭兩次，你必須要讓自己獲得高分，因此，你必須要格外注意自己的各項表現。

♠♠♠♠♠【看穿女人心意的方法④】——從背後擁抱女性會使她感到快感♥♥♥♥♥♥

有些女性很討厭被正面擁抱，如果你從背後抱住她，她也許就會和你交融在一起。這是因爲她的臉沒有被你看見，所以她不會感到不好意思。

很多女性被這麼一抱，就會不自覺地燃起胸中的慾火。當男性從背後抱住自己時，女性會覺得好像被束縛住，這對男性也是有利的擁抱方式。

自然的擁抱和親吻！

106 第一次感覺受威脅，第二次就會無警戒了

當兩個人散步時，最好找暗一點的場所。如果想要吻她，可以先讓她停下腳步，而自己則站在離她稍微有些距離的地方。

「這地方眞黑啊！」

說完之後再繼續往前走，這時用打火機點個火也不錯。

坐車也是一樣，如果你能成功地讓她坐上你的車，你可以把車開到人車稀少的馬路上。身旁的她，可能已緊張得全身僵直。這時候，

「我只是想要擦玻璃。」

當你這麼說的時候，對方的警戒心就會解除，會使她認爲，即使在黑暗中停下來也沒什麼恐怖的，而心生一種安全感。

此時，對方一定是以非常放鬆的姿態坐著或走著，對你有很深的信賴感。

接下來，你就要抱住她了，因爲對方已經很相信你，所以必定不會責怪你。

如果一開始就擁抱，那她一定會逃之夭夭。別說親吻了，恐怕連第二次約會的機會也沒有。總之，她已經逃跑了。

然而，只要你在第一次威脅她之後，能夠讓她放鬆，接下來再親吻她，那麼你們很有可能繼續交往。

「眞是討厭的人，先讓我安心，再欺負我！」

與其說這是責備，倒不如說讓她感到窩心，顯然含有撒嬌的成分在裡面。這種方法屬於高等技巧，且適用警戒心強的女性。

而你也可以將這種方法加以變化，如走在路上，發現後面有來車時，說道：

「危險！」

說著，就一面抱著她。不管理由如何，在女性的記憶裡，就留下了被抱的回憶。等到有機會時再正式的擁抱她，意外的，這變得非常簡單。

107 在前兩次約會該做什麼呢？

「如果見了三次面都得不到的話，你就死心吧！」

有這麼一句話。這代表什麼意思呢？

㈠第一次是因爲好奇心，第二次是因爲懷有好感，第三次就希望更親密了。

㈡第一次有一半是懷著疑慮，第二次則是安全感，但見第三次面則有一半是默許了。

㈢第一次是允許時間，第二次是允許交往，第三次則是允許身體。

——有這幾種解釋方法。的確，第一次有一半是屬於好奇心及懷疑，時間對女人來說是非常重要的，反過來說，如果好奇心得到滿足之後，加上又覺得對方不是壞男人的話，就應該進展到第二階段。

第二階段是因爲對你懷有好感，感到安心，所以才會答應繼續與你見面。如果這些條件能一直維持，就應該進行到最終的階段。

這一次應該再度思考第一次與第二次的重要事項。第一次的約會：

㈠需要滿足對方好奇心的「話題和場所」。

㈡為了要消除她的疑慮，你絕不可以逾越雷池一步，一開始不要碰觸她的肩膀或腰。

你必須嚴格的遵守這兩點。如果你帶她去普通的餐廳用餐，但是在得到多次失望的經驗後，就應該開始尋找能滿足對方好奇心的場所。

接下來是第二次的約會：

㈠和第一次不一樣，不要有突然大膽的行動。因為已經懷有好感了，彼此可以握握手。

㈡為了給對方安全感，應該在她希望回家的時間送她回去，要確實遵守。

如何呢？為了要達到第三次約會的目的，因此，在前兩次約會時，要緊守你的分際。你是不是太著急了呢？

108

如果有滿滿的禮物，想要親吻就很容易了

恐怕你得花點錢，如果你能送她很多禮物，讓她雙手都抱得滿滿的話，你要親吻她就一定能成功。

因爲你並沒有給女性「用兩手遮住並逃掉」來逃避親吻的餘地，而且既然她兩手所抱的，都是你送給她的禮物，她更不會放下這些禮物來反抗你的。

有的時候，女性會有非常吝嗇的一面，例如，當你讓她雙手抱著花束時，你即使親吻她，她也不會討厭你。因此，自古以來，花花公子都會帶著一大束花去拜訪女性，在將花束交給女性的同時，一定會親吻她的雙唇。

照道理來說，面對的並非自己非常喜歡的男性時，寧可把花丟掉，也要拒絕對方的吻。然而，自己已經拿到花束了，總覺得丟掉太可惜，這就是女人心。

由此看來，利用大的塡充玩具也不錯，反正就是讓她雙手抱著禮物，你就贏了。讓她感覺到「沒有辦法逃避的正當理由，和無法丟掉的東西」，讓她既能享

受快樂的擁抱，又能接受你的親吻，不妨試一次吧！

109 約她到脚邊被不安感侵襲的場所

死後究竟魂歸何處？「男人希望歸土，女人希望升天」，兩性有著如此不同的思考方向。基督教認爲「天有上帝」，佛教認爲有「西方淨土」，日本神道也認爲有「八百萬佛」，不論是神或是佛，似乎都是在天空。

女性信徒就懷有這種意識，因爲女性喜歡高處，不管從哪一種方面看來，女性都不喜歡封閉的感覺，也可以說有「密室恐懼症」，而男人多半有「懼高症」，但是只有在情愛時應該帶到高處的地方去。

其中之一是站在高的場所，會有一不小心就會掉下去的不安感，這時候會希望有人在自己身邊，不管是誰都好。

最簡單的方法就是站在沙丘上，如果她答應和你一起旅行，不妨考慮一下。

在海邊散步時，也會有一種隨時要陷下去的感覺。如果情況允許，可以脫掉鞋子，赤腳散步，用腳底來感受這樣的感覺。這時會被一種恐懼感所侵襲，她應該會緊緊握著你的手。

要說高處的話，什麼地方都可以，有的人會帶女性到鐵塔的展望台上，但是這並沒有多大的效果，因爲基於安全考慮，展望台上有做護欄，因此，不會感到被威脅，也沒有恐懼感。

倒不如選擇低一點的建築物，從天花板到地板都嵌著玻璃的餐廳或酒吧，坐在這種場所的窗邊，尤其到了夜晚，會覺得好像快要掉下去一般。這時她一定會緊緊拉著你的手。

♠♠♠♠♠

【看穿女人心意的方法⑤】——喜歡聽猥褻話語的女性

雖然你們交往的並不很親密，但如果你在她耳邊說一些露骨的「猥褻話」，也許就會讓她感到全身酥軟了。

耳朵是排在乳房之後的第三性器，因此，盡量在女性耳邊說一些猥褻的話語，女性會很高興的。這時身體扭來扭去的女性，不難看出她玩得很高興。從耳朵可以探知女性的經驗，這也是能避人耳目的性器。

♥♥♥♥♥♥

110 尋找發汗、尖叫、落淚的場所

「女性在出聲音的同時也濕潤了。」

你瞭解這種性質嗎？在做愛的時候，幾乎所有女性不只是激烈的喘息而已，而且會發出清楚的話語。

仔細想想，也眞是奇怪，應該是說些呢喃的話語、或一些沒有意義的話，但是女性卻會說出非常清楚的話，像「再進去一點」，或者是「再來、再來」，等等挑撥男性的話。

我們可以解釋成，女性能夠藉由說出這些言詞而得到快感，這也是女性貪慾的表現。

最近，卡拉ＯＫ十分流行，而去唱卡拉ＯＫ的頻率，女性比男性要多得多。女性在歌聲當中，感覺到性的快感而陶醉其中的人，何其多。

而現在的卡拉ＯＫ已變成包廂化，這可以說是最廉價的約會場所。

不只是唱歌，尖叫也是一樣。與棒球相比，足球是一項會令人尖叫的運動；

而只有女性會尖叫的，就屬排球了。

女性興奮時會流汗、尖叫、落淚，會出現這三種舉動。而做愛時的興奮和看排球時的興奮，並無差異。如果你們第一次約會時，是去看國際排球比賽的話，那麼當比賽結束之後，你們兩人應該已是一體同心的了。

兩人手握著手，在比賽開始時，才不到三分鐘，就會互敲對方的膝蓋，用手帕拭淚，非常忙碌。可以用這種觀點再次檢驗你們約會的場所。

如果是到遊樂場坐旋轉木馬或咖啡杯，那眞是愚蠢透頂！

111 女性有用身體部分來感覺恐怖的習性

在暖爐中、在桌子下，這種人類眼睛看不到的地方，是你們互纏手指的大好機會。如果這時有他人在場，機會就更廣了。

自古以來，女性有一種害怕黑暗的心理，討厭黑暗的地方，並容易將黑暗和死亡聯想在一起。

天黑時不可以吹口哨、不可以剪指甲，否則會有魔鬼出現，寧靜的夜晚最好安安靜靜的度過。不知道是不是基因裡隱藏了這種記憶，而這種基因流傳在女性身體裡面。在黑暗的地方，因爲恐懼的原因，所以女性容易依偎在男性的懷裡。

同樣都是黑夜，走在霓虹燈閃爍的街上，女性就不會靠在男性的身上；但若走在沒有路燈的街上，你應該很輕易的就能摟著她的肩。

這並不是正攻法，雖然要去吃飯的前面路段會比較熱鬧，但是再稍微往裡面走，就比較冷清了，這裡應該會有你們約會的場所。

起初，她也許會拒絕走黑暗的地方，但這是必經的道路，她不走也不行。因此，女性會主動希望你拉著她的手。

這就和在暖爐裡、在桌子底下、黑暗的地方，手的動作是一樣的，這個時候，希望你緊緊的握住。

「手很恐怖」，聽到這句話的男人也許會覺得好笑，但這在女性來講可是活生生的，想想男性連腳都會縮在一起，雖然還感覺不到恐怖，但每個人有他認爲恐怖的器官。就像聽到打雷會摀住耳朵一樣，這時不只摀住耳朵，爲求安心，女性還會把臉埋在男性的胸膛裡。

如果瞭解了女性的這種本能和特性，對你就很有幫助，請你務必一試！

112 讓她體驗脈搏達到一二〇的興奮

會開車與不會開車的男性，他們向女性求愛的成功率，成倍數的差異。當女性坐上男性的車子，就好像進入他的房間一樣。

當然，女性也有離開這房間的權利，但是只要沒有特殊原因，她應該是不會採取下車這種行動的。

車子好比一種魔物，斯文的男人一握上方向盤，也許就會變成速度狂。到底是什麼原因，使得心變了呢？

女性也會因速度的關係，使心裡浮躁起來，甚至出現積極、大膽的行動也不少見。據說，人一天至少要有一次脈搏數超過一二〇的運動，這時頭腦和身體都呈現興奮的狀態。

從這層意義上來說，慢跑、跳繩、伏地挺身等，就是非常好的運動。但是，開著車，在路上急速奔馳也是不錯的。當然，性愛的瞬間，男女的脈搏也都達到一二〇以上，因此適度的性生活，可說是男女保持年輕的秘訣。

姑且不論此，向女人求愛，要讓在車上的她感到興奮，就得要加速度。即使不是加速度，也要帶她去繞轉彎很多的高速公路。

不管你採取的是什麼樣的方法，都應該盡量使她從日常生活中解放，無法冷靜的駕駛是最好的。以約會著名的公園或海邊，也會使她的脈搏數升高，只要你會開車，就能使她興奮，因此，這是你應該積極努力的手段，沒有不利用的道理。從第一次約會開始，就試著問她：

「我開車去載妳，好嗎？」

你不妨試一試！

♥♥♥♥♥♥

【看穿女人心意的方法⑥】——把她壓在牆壁上看看

當你強把女性壓在牆壁上、擁抱她的時候，她會想逃掉嗎？越沒有經驗的女性，越是會任你擺佈。如果女性的經驗豐富，她就會輕易的從你的腋下逃掉。缺乏經驗的女性被壓在牆壁上時，已經夠緊張了，壓根忘掉要逃跑這回事。

這時，如果你的下半身壓的比上半身還緊，你就可以知道她是否允許你的挑逗。

♥♥♥♥♥♥

在哪裡約她？約她去哪裡呢？

113 第一次約會最好選在寬敞又熱鬧的店

第一次約會，與其到非常有情調、安靜的餐廳，不如到稍微吵一點，又寬廣的餐廳。

如果是戀愛中的男女，可以在其中一個角落說話。而好不容易約她出來了，但約會也只不過是一個名義而已，對方當然不希望你將她視爲戀人，這樣會使雙方都比較輕鬆。

有一句話說「在群衆當中的無名氏」，雖然吵一點，但不會有人特別注意自己的一舉一動，會讓人感覺比較自由。

在小店的一角喝著酒，周圍的人會認爲你們是「一對戀人」。這時，周圍的人可能會投以好奇的眼光，想要瞧一瞧這個男人帶著什麼樣的女性，這就不是什麼無名氏了。

在犯罪心理學中，會把石頭藏在沙地裡，把葉子藏在森林裡。爲了使兩個人非常輕鬆，應該選擇即使大聲說話也沒人會在意，即使遇見熟人也不會被懷疑，不知道自己到底是誰——這種條件的氣氛當中。

這樣才能讓她安心。

美國人是和任何人都聊得來的天才，這就是因爲他們有這種坦率的環境，如果在附近有美式的餐廳或酒吧，那是最好的約會場所。

第二次約會就可以到義大利餐廳，因爲這裡的明亮度與吵雜度都適中。除此之外，一盤披薩可以兩人共吃，這樣可增進兩人的親密感。

至於法國料理，則等到你們的感情較穩定再去，可以一邊享用燭光晚餐，一邊喝著酒，互訴衷情。

這樣的場合，說上司和同事的壞話，就沒有什麼意義了。

114

鼓聲可以提高女性的性衝動

大鼓原本是創造節奏的，在運動會時會打鼓，祭典時會敲大鼓。相信每個人或多或少都有一兩次，受鼓聲的誘惑而浮躁的經驗。

大鼓尤其對女性有深刻的影響，當女性聽到大鼓聲音時，子宮會受到直接影響，而坐不住。當我們去聽音樂會時，更是一目了然，這時很多人都無法靜心坐在位子上，因而站起來。

這種情形，我們只能解釋成受到鼓聲的誘惑，因此，即使採取不安定的姿勢，自己也覺得沒什麼。

接下來仔細觀察祭典時的舞蹈，舞者們配合著大鼓的聲音，一隻腳打節奏的情況很多。這也是因爲雙腳的安定感喪失，因而採取不安定的姿勢。

而未開發國家的舞蹈，這也是共同的姿勢，一邊跳著，一邊用單腳畫圓圈。

就心理學而言，大鼓能誘發人類不安定的情緒。

這也可以解釋爲，古代要打獵或上戰場時，擊鼓以使男性興奮的習慣，至今還殘留在人類的體內。

假如上戰場的男人不死歸來，就會急著擁抱女性。女性也因如此，一聽到鼓聲，就會開始刻意準備。

如果你想邀約女性，下次不妨提議到有機會聽到鼓聲的場所約會（音樂會或祭典等）。

我們從電視上也常看到一、二十人一起敲大鼓的場面，這都是絕佳的場所，因爲這可以引起女性的性衝動。

♠♠♠♠♠【看穿女人心意的方法⑦】——摟摟她的腰，就能知道她的成熟度 ♥♥♥♥♥♥

沒有經驗的女性，很討厭被別人摟著腰，因爲她會很本能的避開男人的手，不讓男人接觸性器的附近。相對於此，如果自己的腰被摟住之後，會很自然的靠近男性的女性，就是性經驗豐富的女性了。

如果你摟著她的腰，她也不會想逃跑，那你就可百分之百斷定，你們將會擁有很美好的夜晚。如果此時能以雙手摟住她的腰，那就更完美了。

115 圖書館是不用說話就能和她約會的方便場所

經常利用社區的圖書館，令人驚訝的是，即使是白天也有很多男女在圖書館，他們當然是來看書的，但其中也有不少是來打發時間的女性。

有些女性只要到雜誌區，一坐就是好幾個小時，看好幾種的雜誌。當這位女性離開時，你就可以假裝是和她一樣要回家了，然後誘惑她：

「要不要一起去喝杯茶呢？」

也許對方會因爲無聊而答應你，因爲她認爲既然同樣都是在圖書館的男人，至少有最低的知識水準。

更簡單的方法，就是對在角落裡看書的女性說說話。圖書館原本是嚴禁說話的，這時你可以遞一張自己的名片給她，背後寫上：

「等一下可不可以請妳喝杯茶呢？」

光是這一行字，就能讓她抬頭看看你。而就在她看你的同時，你可以手拿幾本標題看來艱深的書本。

在她看你的同時，她會打量眼前的男人。

㈠她獲得你印在名片上公司的名稱。

㈡她知道你拿在手上的書名。

㈢因爲對方的容貌及服裝，判斷這個男人應該會讓自己有好感。

這樣的情況下，也許有的女性會甩頭不理會你，如果她答應你的邀約，她就會微笑的對你表示。對於男人而言，這種無言的引誘具有很大的優點。如果被女性拒絕，她也不會出聲，當然很輕鬆愉快。

也許對第一次約會的男性而言，這是一個絕佳的場所吧！

♠♠♠♠♠

【看穿女人心意的方法⑧】——想要買鞋的女性慾求不滿

厭食症來自於過食症，是一種慾求不滿的表達。而想買鞋的女性，則很有可能是對性的慾求不滿。

自古以來就流傳著女性喜歡用鞋尖踩男性的說法，這就是一種慾望的發洩。因爲受到這種恐怖慾望的驅使，而使她會想用鞋尖刺男性。買完鞋之後，這種不滿就會消除了。

♥♥♥♥♥♥

116 盡可能在飛機場約會

如果可能，在傍晚時分約她到飛機場去。說穿了，只要兩人一起看飛機起飛的姿態，就已足夠了。

當然，漁港也沒什麼不好。只不過你好不容易帶她到漁港，但是會正好遇見船出港的機會較少，加上船移動的速度較慢，欠缺一股衝勁。

人在感到命運難以掌握的同時，會想像著飛機飛在天空，只要一出事，那種命運的轉變是非常劇烈的。

根據佛洛伊德的說法，飛機是男性的象徵，所以在這同時，女性會有被這男人奪去的錯覺。而且飛機在漆黑的夜空中飛去，會使女性覺得，如果這男人不在身邊，自己會非常的不安。

這時男性不應牽著女性的手，你如果不摟著她的肩，女性是不會感到滿足的。所以這時千萬別客氣，應該滿足她的慾求。

飛機轟隆隆的聲音，也會引起女性的不安。不少女性會從地鳴聲來察知大地震，相同的，出現在腳底也是一樣。大鼓的聲音也會增進性衝動，飛機、地震、噴火、雷聲等聲音都會使母性覺醒，而想要確保安全。

這就是帶她到飛機場的好處。大家都不是小孩子了，當然並不是要眞的帶她去看飛機。如果家的附近有飛機場，你們也可以順便到機場內的餐廳用餐。

「要不要去飛機場的餐廳用餐啊？」

這也是一種約會的方式。這對平日吃慣大都市餐廳的她，這也是一個很新鮮的提議。

♥♥♥♥♥♥

【看穿女人心意的方法⑨】——特別注意手擦紅色指甲油的女性

有人說，女性會在夜裡一面修著指甲，一面思索著男人的愛；而在白天則會一面擦指甲油，一面想著晚上要如何和男性戰鬥。換句話說，我們可以從指甲油的顏色，來判斷這個女性對男人的好戰程度如何。

擦透明指甲油的女性會對男人很溫柔，如果指甲油是大紅色的女性，則她的熱情可能會讓男性吃不消。因此，沒有經驗的男性要特別注意「紅指甲油」的女性。

♥♥♥♥♥♥

117 在海邊、岸邊挑起她的情緒

女性為什麼喜歡海呢？約她到海邊、岸邊並不是為了游泳，但這地方對和女孩子約會是非常有效果的。這時候，你們可以站在海邊，望著海水打上岸的砂粒，被推到自己的腳邊。這時，女性會感到一種崩潰的不安感，及莫名的失落感，會使她想緊緊的靠在誰的身邊。

此外，在岸邊看見大浪也不錯，或者兩人能一起眺望遊艇或小船是最好的。這時，女性很自然的會想像，如果自己被大浪捲去該怎麼辦呢？如果自己搭乘遊艇到外海，會往何處去呢？在這種情況下，她就會對男性有很強的期待，希望男性能緊緊的握住自己、抱住自己。如果這時是黃昏，這樣的期待會更強。

到湖邊也不錯，但盡量不要找太大的湖，或很有名的湖，只要找水很清澈，能引起氣氛的湖是最好的。

如果你帶她去不太乾淨的湖，那就會造成你的損失。因為女性會希望看看水裡面「有什麼」，而且她會想像水裡面有仙女，向自己招手的姿態。

像這樣，只要好好利用海邊、湖邊的話，你們的感情應該會有順利的進展。等到享受完海邊的氣氛之後，在歸途的車上，你們已經變成一對戀人了。

誘惑就是這樣子，即使你不說一句話，只要挑起氣氛，你就成功了。只要讓女性處在那種氣氛當中，她自然就會以身相許了。

118 她第一次造訪你的房間時，房間的整理方式

當她答應到你的房間時，男性的心情應該是非常興奮的。這時應該趕快收拾。但在此之前，你應該仔細的思考，她爲什麼會到你的房間裡來？

㈠ 首先是偵察，她會確認這個男人的感覺是否跟自己一樣？

㈡ 她想嗅嗅其他女人的味道，她必須要知道眼前這個男人是否有其他正在交往的女性？

㈢ 她想被擁抱，如果在太髒的房間裡是不會想做愛的。

如果你們來往的還不夠密切的話，是還不至於到達性愛的階段，因而可以放

心這一點。但如果已約過幾次會，雙方就很有可能會發生性關係，所以，必須要有這種覺悟。從這三點來觀察，就應該好好整理房間。例如，喜歡乾淨的女性，見到太骯髒的房間，不但內心，就連她的身體也封閉起來了。

但更重要的一點是㈡的其他女人的味道。有些男人會將吃完的空罐頭和速食的袋子都收拾得非常乾淨，但這不太好。相反的，如果你的冰箱空空的也沒什麼關係。而且，散亂的書本會讓人覺得你喜歡看書，不管是和音樂、電腦有關，或者是文學方面的作品都很好，這會讓她對你懷有尊敬的心，而心甘情願的被這種男人擁抱。

♠♠♠♠【看穿女人心意的方法⑩】——喜歡照鏡子的女性缺乏自信

有些女性會隨身攜帶鏡子，有事沒事的拿出來照照。如果你在這時誘惑她，那麼一定會失敗的。因爲她一定有什麼不如意的地方。

在女性有自信的日子，想邀約她一定會成功，而和充滿自信的女性相處，也會令人感到愉快。如果你和缺乏自信的女性走在一起，想和她成爲男女朋友？恐怕得花上一段時間囉。看穿女性是否具有自信，比看穿她是不是美女要來的重要。♥♥♥♥♥♥

第七章

向女性求愛的技巧！

巧妙解讀內心的變化

119 試著問她：「妳是不是迷戀我呢？」

在許多人吃吃喝喝的場所，你可以突然問坐在鄰座的女性：

「妳是不是喜歡我呢？」

小聲的這麼問她看看，這時女性會有以下的表現：

㈠「你喝醉了吧!?」

㈡「不要胡說八道！」

㈢「我捏你喔！」

有各種的作法。因爲是在非常熱鬧的席上，因此，你說的話不可能被忽視。

其中也有女性會乾脆往男性的大腿揑下去，這種女性絕對是ＯＫ的。

「你不要胡說八道！」

說這種話的女性就有一點麻煩了，我勸你還是放棄吧！

接下來你可以反過來說：

「事實上是我喜歡妳。」

這個時候，她的態度可能會爲之一變。因爲並不是每個男人都會明白說出：「我喜歡妳。」這句話的。

而如果她不在意你說的話，那麼你心裡就想，不是只有我被他拒絕而已，這個時候不管什麼樣的男人都會被她拒絕的。也許她必須要在只有兩個人的地方，才會接受愛的告白。

但是，一開始就要對她說：

「妳是不是迷戀我？」

這句話是非常簡單的，一杯紅酒下肚之後，可以用開玩笑的口吻說出。接下來，再反過來說：

「事實上是我迷戀妳。」

這樣子，女人根本招架不住。即使在這種場合沒有回應的女性，回家後她也會思考：

「那個人是眞心的嗎？」

至少，你已經對她表白過了。因此，從隔天開始，她的視線或態度就會有所表現。這種期待不也很美嗎？

♠♠♠♠

【高明的分手方法①】——寫信給她

千萬別在分手信裡寫「因爲我另外交了一個女朋友，所以我想和妳分手」，諸如此類的傻話。不論是文情並茂的信也好，是借錢的信也罷，最重要的，就是要設計一個很圓滿的謊言。

千萬記得要寫自己是一個多没用、多没膽的男人，也不忘提到，自己連和對方當面道歉的勇氣也没有。當然也要附上日期，以便讓她有所回憶。

♥♥♥♥♥♥

120 找出在生理方面和你相合的女性

因爲自己喜歡這種類型，所以就引誘她，這樣子沒有辦法使事情進行順利。因爲如果你要引誘女性的話，在生理方面一定要能配合。即使是特種行業的女性，也不是見誰都好。

在酒吧或俱樂部，坐在旁邊的女性，她的身體離你很遠，你們當然無法配合。如果在身體方面配合的話，那麼她的身體應該會靠向你這一邊。

而這種生理上的相合性，從握手就能看出來了。如果是屬於纖細、骨頭明顯的手指，那麼，她一定不喜歡肥胖、臃腫的男人的手，她也很討厭油膩膩的肌膚的感覺。

相反的，手是豐滿的、潤滑的女性，不管是哪種男性的手，在生理上她都不會感到討厭。一般而言，餐飲店服務生都是屬於這類的手，而這類女性也會被任何類型的男性所喜歡。

但如果你喜歡的女性是屬於纖細的類型，而且她手部的骨頭非常明顯，那你就非得是具備知性的男性不可了。否則，你們一定不會進展順利的，因爲你們兩人的肌膚就缺乏相合性。

例如，你的星運（九星）是什麼呢？如果你是木星年出生的話，你一定能和水星年出生的女性相處融洽。因爲，水生木，所以是大吉，這兩個人的身體相合性是最高的。

而這種相合性，你去問問她幾年出生的就可以知道了，查查九星表，你就能瞭解狀況。這種自古流傳的相合性，很意外的，十分重視身體與身體、心情與心情的配合，所以在身體上是否具有相合性，也能一目了然。爲此，你務必去查查看！

121 所謂魅力，就是女性溫潤的地方很多

在所邀約過的女性中，相信大家都會喜歡穿著非常合身衣服的人。坦白說，就是像中國式旗袍，那樣能使身體曲線原形畢露的類型。

因爲女性的魅力就在這裡。當女性穿上窄裙之後，臀部的曲線就會顯現出來，如此能擄獲男人的心，眞想摸摸藏在裙子裡面的大腿。

穿著超迷你裙，胸部也露出大半的女性，乍看之下是很性感，但事實上並非如此。而這和女性本身是否性感毫無關係。

然而，年輕的男性容易被外表所迷惑，所以比較喜歡這種穿著暴露的女性，這都只是個人單方面的看法而已。

而所謂魅力所在，就是溫潤所在，男人本來就是被女性的溫潤所誘惑。親吻的效果，就是爲了接觸到女性口中的溫潤，而將手埋在女性的頭髮裡面，或者是埋在臉裡也是想要感覺這種溫潤。

充分被衣服覆蓋的腋下、乳房、性器官的周圍，越能夠保持這種溫潤。換句話說，肌膚越是被覆蓋的女性，她的魅力也就越大。

然而穿著超迷你裙、低胸服飾的女性，就缺乏這種溫潤。說得坦白一點，因爲太過於通風了，所以這些地方都會顯得很乾燥。

你覺得這種女性有魅力嗎？我想你只是覺得她的外型有魅力而已，這完全是一種錯覺。

因爲減肥而消瘦下來的女性，在她們的大腿之間會有風穿過，這樣子，女性的性器就缺乏魅力了。自古以來，就有稍微豐滿一點的女性比較好的說法，就是因爲性器官可以確保溫潤的緣故。

此外，這地方的競爭力不是也比較低嗎？眞正的花花公子，就是想品嘗被隱藏起來的美味果實的名人。

122 這種女性你一定可以約她

有些女性在你和她打招呼時，臉就不知不覺紅起來了。這是因爲在無意識當中表現出對你的好感，邀約她一定會成功。

如果她還流汗的話，那就代表她非常興奮，你們很快就能到達親吻的階段。

而當你們走在一起時，總是以非常快的速度行走的女性，就是她花心的證據。因爲，如果她的身體輕飄飄的，好似在跳躍一樣，那麼你可以判斷，她正在等著你的誘惑。

女性就是這樣子，如果你認爲她到昨天還討厭你，你就死心的話，那未免太早了。也許經過一夜的思考，又會起了什麼變化。

例如，她喜歡A男，但A男還有另一位女朋友，這時，她就會突然和你親近也說不一定。這種心理變化是一夜之間就可能發生的，在恐怖的同時，不也很快樂嗎？這就稱爲「感情易變性」，你沒有不加以利用的道理。

人的感情每天都會動搖，也不知道什麼時候是最好的機會。如果從不翹腳的女性，有一天她將腳翹起來了，那麼你就可以判斷，這是你的大好機會來了。

這些都只是無意當中的表現（言詞以外的感情表現），也是屬於女性獨特的一面。正因爲男性不太會有這一類的表現，所以往往就會忽視它。但只要你好好注意它的話，你一定能簡單的將女人弄到手。

【高明的分手方法②】——用電話道歉

如果交往得不是很深，這也是一種不錯的方法。不管從任何角度，女性在此時都只有忍耐一途。女性也很清楚，不論自己要哭泣或罵人，都應該在這通電話結束之後。

如果處理得不好，就會出現是否還要再次見面的情況，勸你千萬要避免。不管你們談判多久，都應該要在這通電話裡解決。

123 漸漸沈默的女性才有脈絡可循

一開始約她的時候，顯得非常開朗，看起來非常高興的樣子是很重要的。隨著進一步的交往，一直到發生肉體關係，還能夠發出微笑的話，感情就沒辦法再上去了。

約會是一種發散，而性愛則需要積蓄在內部的熱情，盡量不要將感情表現出來是很重要的。即使她隨時保持笑容，但當你傳送給她希望和她「做愛」的訊息時，她就會表現出悲傷的臉了。

在所有動物當中，最會以悲傷的臉默默的看著異性的是兔子。而兔子每個月都要發情一次，可說是最淫猥的動物。

人類的男性也是一樣，就像「沈默的色鬼」這句話所說的，女性也是這樣子的，當她悲傷的看著男性時，就是想要爲他做什麼的時候，這是母性的本能被激發出來。當然兩性與生俱來表現感情的方式就不一樣，關於性愛的表現方式也不一樣。在渴望的時候，也許已經不需要言詞了。

換句話說，如果你看見女性沈默的臉，你的內心就要有所覺悟，她是在要求男人爲他做什麼事情。

如果這時她也是一直默默盯著你看，就代表她內部蓄積了很濃厚的感情，她已經準備好要迎接性愛了。反正，如果她呱呱叫著：

「什麼嘛！你一直盯著我，幹什麼呢？我臉上有什麼嗎？」

那就表示她還沒有準備好。如果這時你強迫她的話，那麼一定無法順利進行的。已經做好萬全準備，準備迎接你的女性，是會越來越沈默的。所以當女性越來越不說話時，你不要以爲她在生氣、討厭你，你可以解釋爲她正在等待你的誘惑，大膽的前進吧！

124 從髮質找出好色的女性

當女性性興奮時，都會有弄頭髮的習慣。有時會將指尖插入頭髮中，不斷的撥弄，有時會拿出梳子，不斷梳自己的頭髮。

長髮是女性的象徵，而短髮的女性則較具男人味。因此，一般而言，男性多半比較希望引誘長髮的女性。

假使你看見女性不斷撥弄她的頭髮，那麼，你千萬不要讓這機會逃掉。如果進展得順利，你們就可以到旅館去了。當然還得看你的運氣，但你絕對不要讓這大好機會逃掉。

俗話說「捲髮、雀斑禁不起求愛」，這是因爲女性是屬於多血的，而多血的毛細管，影響到髮根，所以一定是好色的。這一點是男女共通的，有點捲髮的男性，也比較好色。

但也不是說，你完全不需向這些女性求愛，她們就會跟著你。事情沒有這麼簡單的，只不過比較容易誘惑罷了。

因此，如果是長頭髮、頭髮量又多、一根一根細細的、摸起來很柔順的女性，對性的關心度也一定比較高。這樣的女人，和你分也分不開，所以對女性不在行的男性而言，是難得的對象。

不要光看女性的臉，也要看看她的髮質如何？如果她的頭髮又粗又硬，那就不好惹了，你對她還是敬而遠之吧！

125

從耳朵的位置和牙齒的形狀來找出容易求愛的女人

從一個人的耳朵位置，可以表現這個人的性格。在哺乳類的動物當中，除了猿猴和人以外，其餘全部都是禿頭。其中越是嬌小、膽小或草食性的動物，牠們的耳朵越大，而且也比肉食動物還長壽。

肉食動物是很小，但多半擁有銳利的耳朵，這件事情告訴我們兩項事情：

㈠耳朵在比一般人位置要上方的女性是屬於肉食性。

㈡耳朵小的女性壽命短

從動物界的這兩項事實來類推，耳朵的位置在一般人之上（比眼睛的位置還上面）的女性，是屬於動物性，容易花心。此外，耳朵越小的女性，她越希望在年輕時完成一切的經驗，有這種潛在的願望，因此她對戀愛有一種貪慾。

不妨看看你的周圍，選擇耳朵小、位置在比較上面的女性吧！這樣的女性也許個性有點嚴肅，但是她們的決定也比較快：

「如果是男人，應該更堅強一點。」

她也許會從背後這樣推男人一把：

「不要這樣囉囉嗦嗦的，想要抱我就清楚的說出來吧！」

也許她會這樣子的壓迫你，這反而令沒有經驗的男人心裡噗通噗通的跳。但是累積經驗不也很好嗎？

這種女性的牙齒應該是很小，所謂的肉食派，不論從哪種方面來看，他們應該都很注重料理和烹飪。

反之，像兔子一樣，牙齒往前凸的人，是屬於草食派。這種人比較老實，因此你很難向她們求愛。

♠♠♠♠♠

【高明的分手方法③】——將權杖交給朋友

有句話說「現實比小說還奇妙」，你大概也常捲入朋友與其女友之間吧！對於女性而言，如果這場愛情不夠真實，她寧可換個對象。

這時，你最好能讓朋友對女性說：「如果妳想找人說說話，可以來找我！」這也是一種不錯的分手方式。

♥♥♥♥♥

126

會說他人壞話及不滿的女性較易誘惑

向會說她人壞話的女性求愛，成功的機會很高。

「我們公司的課長眞是太過分了！」

從她的這句話就不難知道，她的內心累積了很多不滿。此外，又如：

「我上班的地方都沒有好男人！」

這種不滿也表現出她對男性的慾望。結過婚的女性說：

「我丈夫每晚都喝得醉醺醺才回來。」

聽到她說這句話，我們就可以注意到，她心中當然有很多不滿。說壞話或不滿，通常都是在表現自己的慾望。而正因爲她讓你看到她內心的想法了，所以這時對她寄予同情，是最好的方法。

「眞的很過分，怎麼會這樣子？」

對她的不滿發出共鳴，會使她覺得和你有親密感。再說得坦白一點，不要去誘惑那些幸福的女性，往比較容易花心、或滿腹牢騷的女性進攻吧！

也有缺乏經驗的男性，明明和這女性不熟，卻隨隨便便說出邀約的話，這樣子是沒什麼效果的。與其如此，倒不如早一點確認在周遭是否有心懷不滿、或會說別人壞話的女性，向她進攻吧！

127 在團體當中，你將焦點放在什麼位置的女性身上呢？

人都有一種重視左側的習慣：看雜誌時會較注意左側的照片；點菜時會點寫在菜單上最左邊的菜；進入電影院後，面對螢幕，左側也會比較雜亂；戲劇的螢幕也是從左向右出來，當然歌舞劇也是從舞台的左側開始。

從這裡我們可以瞭解，許多人聚集時，坐在最左邊的人最會受到注意。

說明到此，想要告訴各位，男女之間也可以好好運用這種視覺的法則。首先，是團體的約會，你應該坐在從女性看來最左邊的位置。相反的，從你的方向看來，坐在最左邊的女性，你乾脆捨棄，爲什麼呢？因爲，所有人的焦點都會放在這位女性身上，所以競爭非常激烈。

這時候最容易邀約的，是從左側算來第二位女性，同時從右側算來第二位女性也是目標。例如，有五位女性，從左邊算來第一、三、五位的位置比較醒目，而第二、四位置的女性，相對的也就會較模糊。

當然，在團體當中，你也不應該坐在第二、四個位置。千萬別輕忽這左側的效果。

128 辦公室裡，越邋遢的女性越禁不起誘惑

你工作的地方有很多女性嗎？如果是，你不妨看看她們的桌子。如果是整理得乾乾淨淨的女性，就不大容易邀約。這型的女性認眞、踏實，她們會以結婚爲前提，進行交往。

如果你的本意只想和對方交往，而非結婚的話，最好別輕易的邀約這類女性。這些女性在用餐時，大部分都是會規規矩矩的吃完盤裡的東西，不會有剩下的食物。由此可知，她們非常在意小細節，是適合當家庭主婦的。

相反的，總是將東西放置得亂七八糟，整個桌子，甚至抽屜都是一團亂的女性，就不是屬於認眞型了。如果她已經決定好要待在一個地方，她應該會好好整理乾淨才對。但是因爲她心裡想，自己隨時都可能會辭職，所以無意識當中，就不會那麼認眞的整理她的東西。

這類型的女性多半稍稍肥胖，踏實型的女性則較骨感，欠缺女性該有的嬌柔。但是感情容易動搖的類型，多半是那種肌肉看起來柔軟、且容易與人相處的人。

如果你要選擇遊戲的對象，那就要以這種躁鬱型的女性爲目標。即使對方現在已有交往中的男友，你也可以繼續進行，因爲她會把兩個男人放在天平上秤秤看，再來決定要選擇誰。

通常男性會對有男朋友的女性敬而遠之，但這是完全錯誤的。也許她正在期待另一個男人的出現，好離開現在的男友。或者她正在後悔，當初爲何要和他交往呢！

不管她目前是否有男友，我們都可以以這種散亂無章的女性爲目標。

第八章

引誘女性做愛的技巧

有時候要下流一點強迫她！

129 爲什麼強迫式的下流誘惑會成功呢？

男人分爲兩種：一種是視女性的存在爲感謝的類型；另一種則是視女性的存在爲理所當然的類型。

前者在和女性交談時，一開始就會說「眞對不起！」「很抱歉！」等等，一開始就覺得自己是處於弱勢。然而後者一開始會說「大姊！」或者是「喂！小姐！」等等，一開始就採取高壓的姿態。

一般人認爲這種高壓的態度會使女性逃之夭夭，然而事實並非如此。

例如，和優柔寡斷的男人分手之後，她的心裡會想：「我和這種人合不來！」

後來她又遇到比較強勢的男人，也許她就會直接和對方到旅館去。

女人也是這樣子的。有些女性一開始和男人說話，會說：「眞對不起！」而有些女性就會說：「喂！大哥！」如果是喝了酒，後者就會回答「什麼事啊？」總之，越客氣的女性，一般人的戒心就會越強，因爲會以爲對方是推銷員，或是有什麼企圖似的。

這種心理在女性也是一樣的。這也就是爲什麼越粗魯的男人，越能得到好女人的原因。當然也不是所有事情都說：

「大姊！」

但與此接近，令對方安心的口吻，解除對方的警戒心是很重要的。解除警戒心後才能達到你特定的目的，也就是性愛。

但是，有時年輕的男人又會太過客氣了：

「眞對不起……」

這個時候，碰到像這樣子的男性靠近自己，反而會懷疑他的目的是金錢、推銷、還是想要勾引自己？實在搞不淸楚，反而更恐怖。

「要不要和我一起去喝一杯啊？」

不斷練習這句話，對你一定很有效！

130 大膽的說出活潑生動、讓她能想像的話

在喝酒時，不妨說些黃色笑話。近來性資訊非常氾濫，連十幾歲的青少年也耳熟能詳。

此外，因為晚婚的風氣很盛，因此，成熟單身女性的比例也非常高。比起奉承的話，她們更喜歡聽實質的話，例如：

「我老婆眞的非常強，眞是敗給她了！」

與其如此說，倒不如說：

「我老婆一週要三次，眞是敗給她了！」

單身的女性聽到這話，她會比較重視「一週三次」，她會拿來和自己的次數相比較。而比較不在乎性方面比較強這句話。

如果是單身女性，你可以讓她這麼生動的想像：

「上禮拜，我每天晚上都一個人睡，但這個人卻和她太太擁抱了三次。」

如果是已婚的女性：

「我老公只和我做愛一次。」

而會有一種失落感。說這話具有讓人發笑、生動想像的兩種絕佳效果。但如果你說出的話太過低級，給人有不潔的感覺的話，那會導致反效果。

陳先生在一個寒冷的冬夜，這麼對女性說：

「妳溫暖的身體帶給我溫暖。」

結果女性笑著回答他：

「我的身體很冷啊！」

此時，他又立刻說下一句：

「可是我有暖氣設備。」

於是就拉著女性的手，往自己的褲子口袋伸進去：

「這棒子很溫暖吧！」

逗得女性大笑，當晚他們當然過得非常美好。當你應該大膽時，就請你不要有所顧慮。

131 到達性愛過程中的淫蕩

女性內心潛藏著成爲壞女人的願望，尤其是性感的女性，每到夜裡，都會希望以自己的魅力來吸引男性。

有不少女性在DISCO舞廳跳舞時，會刻意嫵媚的擺動自己的腰，並以淫蕩的笑容望著男性。她們會使出渾身的魅力，將在白天無法展現的「惡魅力」，在此時展現出來。

根據經驗，非常平凡的OL就是屬於這類型，因爲平常無法發散這些能量，所以就會在遊樂當中顯現出來。

然而，男性所從事的是禁慾性、認眞性的工作，所以這種發散的方法就屬於爆發性。也就是即物性的，因而會對女性敬而遠之。

當然，所謂壞女人的願望，不單指性願望，她只是想找個能使自己慢慢墮落的男人，而且希望男人對待自己就像伺候女王一般。

如果你見到這樣扭動腰枝的女人，就衝過去抱她的話，也許會被她一腳踢開。諸如老師、警官、銀行職員等，都是女性討厭的對象，因爲她們極端厭惡這種脫去白天面具的人。

關於這一點，對於一般的女性而言，演藝人員、大衆傳播界的人，也就是所謂「演藝圈人士」，就比較受這類型女性的歡迎，因爲她們的願望能得到滿足。

換句話說，也就是到達性愛的過程當中，可以盡情享受淫蕩，必須要仔細想想看應該如何享受這個過程。

有位朋友，每次碰到這類女性時，都會用手帕做成男性性器的樣子，當作禮物送給她，當然，這位朋友非常受女性歡迎。

♠♠♠♠♠

【高明的分手方法④】——直接告訴她

不逃避、不隱藏、堂堂正正的面對，直接向她提出分手，也是一種方法。這對男性沒什麼差別，但對女性而言，就比電話分手更來得屈辱。

尤其分手的原因是第三者，更會燃起她熊熊的嫉妒心，因此並非上策。「請妳務必忘記我」，這種單方面的說法是非常危險的。

132

握手的方法
——使女性更大膽的方法

你應該有這種經驗吧！聚會結束後，幾個人共搭一部計程車回去。這時候，如果你身邊坐的是女性，那麼你可以試著握她的手。重點就在這裡了，你絕對不是用力握著她的手，而是用另一隻手來包住她的手。

如果她允許你這麼做的話，那就代表她對你懷有好感，因爲是好幾人共乘一部計程車，所以你可以一直說話，而她當然也會附和。只要手被這男人握住了——這時，就她的感覺，與其說只有手被握住，不如說是一種強烈的興奮感。

你們好像擁有別人不知道的秘密一般，稍微陷入錯亂的狀態當中，這個時候，你可以一舉提出大膽的行動。你乾脆將她的手放在自己的膝蓋上，你可以誘導她碰觸你鼓起的部分。當然，她一定不會出聲拒絕的。

「你幹什麼？」

因爲她的手一直讓你握著，所以她也無法在此刻拒絕你。而且這時若激烈爭論的話，一定會引起其他同伴的注意，在這個時候，她也只能默默的隨你操縱。

問題就從這裡開始了，此時你不要勉強她從你褲子上方往下摸，你應該將手離開，當然她一定也會嚇一跳的縮回自己的手。如果她縮回自己的手，你再度反覆相同動作，將她拉回來。只要你很有耐性的這麼做，最後她會以自身的意識，將手放在你那鼓起的部位。

她會用自己的手，來感覺你全身的喘息聲音，然後不會再將手收回去了。到這一步爲止，她已經百分之百屬於你了。因爲勉強拉著她的手放在你的身上，也許隔天她會瞪你，但是她也會有所察覺，自己把手放在你身上這一點。

♠♠♠♠♠

【高明的分手方法⑤】——表現出一副什麼都不知道的樣子

一天，男性突然表現出「不知道兩人曾經交往過」的模樣，也是一種方法。也有些厚臉皮的男人會表示：自己並不是逃避，但該分手時就應該要分手。

或許女性會覺得受到污辱，但這樣反而對雙方都好。如果大家一開始都抱持玩玩的心態，就沒有必要說什麼分手的話，女性也不會太過傷心，大家都很輕鬆。

♥♥♥♥♥♥

133 在進汽車旅館之前，輕輕的推女性的肩膀

當你站在汽車旅館前的餐廳，從二樓向下眺望，可以看見各式各樣的男女進出。

有女性很大膽進入的類型，也有在男性的引導之下，尾隨男性進入的女性，也有在外頭討論好價錢才進入的中年男女……。另外一方面，也有些在旅館前或推或拉著女性進入的男人、高聲吵架的女人、氣著跑出來的年輕女性、拉著女性的手道歉的男性等，眞可說是這世界的縮影。

這個時候，最佳的狀況就是，在後面推著女性，默默進入的類型。

由於女性已經和你走到這裡了，所以她不會採取「絕對不要」的姿態，反而應該也充滿好奇心。

由於氣氛的驅使，她也感覺到「沒有辦法了」。

這時候，如果男性能輕聲說：

「來，進去吧！」

沒有經驗的女性絕不會回答「好」的，她一定會有所猶豫的說：

「可是……」

這時你如果勉強拉著她的手，或推她進去的話，她當然會反抗。如果你以十分自然的姿態，一手搭在她肩上，輕輕引導她往前走，她就會順從了。

假使在這情況之下，女性仍站在那裡不動，那麼，男性可以獨自先進入。女性會害怕一個人被丟在旅館前，因而感到不安，她一定會尾隨你進入的。如果你發出聲音，反而會失敗，因此，這時絕對不要說話。

使她靜靜閉上眼的指南

134 找出讓她受到刺激的話題

「妳這一輩子想談幾次戀愛呢？」

試著問她這樣子的問題。當然，依女性的性格不同，回答的方法也不一樣，但是，她們的腦海裡一定有鮮明的想像：

「我只要談一次戀愛就好了。」有這樣子的女性。

「從二十歲開始，每一年都要談一次戀愛，所以到四十歲要談二十次戀愛。」也有人這麼回答。其中，更有人說：

「即使結婚以後，遇到自己喜歡的人，還是可以談戀愛。」

做出這種偷情的宣言。而如果對方反問你：

「那你呢？」

如果她問你這個問題，那是最理想的了。如果她不問，反而使你們失去彼此打開心胸，瞭解對方的機會。這種情形，反而會加深你們的親密感。

「我已經談過三次戀愛了，以後還不知道……」

這時候，女人也許會問：

「三次？從什麼時候開始呢？你是和什麼樣的女人談戀愛呢？」

當她這樣問的時候，你不要急著表明自己是很認眞的人，應該將話說得誇張一點，這是訣竅！

「咦？你都和她們上床嗎？」

如果她問這個問題的話，那就ＯＫ了。因爲代表她已經受到刺激了。

不管問什麼問題都好，但是只限於「他人如何呢」，這種令人有興趣的話題。

「談戀愛的階段可以發生肉體關係嗎？」

像這類與女性有切身相關的問題，你不妨問問女性，或許會釣到意想不到的大魚呢！

135 使她焦躁的會話技巧

好不容易邀約她成功了，她也答應了，但是，這時你要假裝無法赴約：

「眞對不起，我們還是取消約會吧！」

這個時候她反而會顯現得很焦躁地說：

「爲什麼呢？不是你約我的嗎？你這樣不是很失禮？」

也許她會生氣。這時，你就改口說：

「我不是這個意思，只是我害怕見妳一面後，會想再立刻見到妳。」

她聽你這對話後，就會化生氣爲興奮，而且變爲喜悅：

「好啊！我每天都可以跟你約會啊！」

原本看來相隔很遠的人，一下子就靠近了不少。這種方法用在接吻也是一樣的，當你抱著她，快要吻下去時：

「不行！我們不可以接吻！」

這個時候，她反而會緊緊拉住你，並問你：

「爲什麼？很恐怖嗎？」

她一定會焦急的問個不停。

「不，只是我想親了妳一次後，以後每天都會想親妳。而且五分鐘、十分鐘親不到妳，就會渾身不舒服。」

也有這樣的求愛方式，而且反過來，到最後變成她會來要求你。這時的她，一定是非常激烈與興奮的，能夠立刻和你到旅館去。不論你對她做出什麼要求，她都絕不會說「不要」。

所謂誘惑，不只是要單純的讓她陷下去而已，最重要的是要讓她自己想陷下去。

因爲在戀愛關係當中，焦急的一方，通常處於弱勢，比較容易陷進去。因此，你不妨想想看，有哪些方法能使她焦急呢？

136 爲什麼女性喜歡說話粗魯的男人呢？

有些女性，男人對她越是粗魯，她就越喜歡，越願意爲男性付出。

「喂！錢拿出來！」男人這樣說的時候，女性就會心甘情願的將存款提出來，交給男性。像這樣的男女關係並不少見。

這是男性語言上的粗魯，但正因爲男性有這方面的弱點，所以女性會想：自己應該爲這男性做些什麼？

的確，如果是堅強的男性，絕不會向女性要錢，而這種男人就是懂得利用女性的母性本能。

例如，女性在做愛當中，表示快感的時候，會以可憐的模樣對男人說「我快要死了」「不要了」「趕快停止」，這時如果男性眞的停止，女性就會感到討厭。

在性愛方面，站在雄性的立場，男性在女性不斷大叫「停止、停止」的時候，爲了要誇耀自己的強度，是絕對不會停止的。

男性也知道，他們只要在性愛方面表現得強一點，就算在其他方面弱一點，女性也會原諒他們的。

即使女性喜歡溫柔的男性，但對方若是在各方面都表現得過分溫柔的話，也會導致女性的不滿。只要瞭解這層道理，要對待女性就不難了。

因爲男性使用非常禮貌的話，就喜歡他；使用粗魯的話，就討厭他。事實上，這只是表面的看法而已，我們必須要以這種角度來眺望男女整體的風貌。只不過，在此可以確定一點，一開始認識時，絕對不要隨隨便便。

例如，你也可以說，因爲在性愛方面表現比較強，所以他在平常說話方面，才會表現比較粗魯的樣子。

越是有回應的女性，她就越會成爲隨隨便便男人的女友，這也代表男女關係的一面，你是屬於哪一種類型呢？

【高明的分手方法⑥】——自然疏遠

見面不像從前那麼快樂，次數也慢慢的減少。即使是約會，也會以「不舒服」爲藉口而提早回去。

約會的時間減少了，彼此的熱情也消退了，讓女性能感覺到這一點才是重點。如果她也瞭解「我和他不可能再在一起了」，那麼，你們就會很自然的分手，這是最輕鬆愉快的方法。

137 使女性的心傾向你這邊的語言暗示療法

關於以暗示療法治療疾病，法國的艾米納爾．克耶博士認爲，即使是反覆的念：「疼痛消除、疼痛消除」，人也無法依照這暗示來消除疼痛的。

也就是你反覆不斷的說「疼痛」，因此，「疼痛」這句話比「消除」更被強調。這時候應該說：「消除、消除。」

像這樣不斷反覆「消除」這句話，才可以依照暗示的方向進行。這是表示給予人類暗示的根源方式，當然我們也可以充分應用在誘惑女性方面。

「到旅館去吧！走吧，我們上旅館吧！」

與其這麼說，倒不如說：「到旅館去吧！走，走吧！」

這樣對女性的暗示比較有效。

「不要弄痛我。」

「怎麼會呢？絕對不會的！」

這樣子就很好。但是有的男人卻會說一大堆道理：

「怎麼會痛呢？只要忍耐幾秒鐘就好了，幾秒鐘之後就不會痛了！」

有人這麼詳細的說明。如果這麼做，一定會被克耶博士所嘲笑。

「我如果太晚回去會被爸爸罵。」

「妳放心，我不會讓妳太晚回去，不會讓妳父親生氣的。」

千萬不要這麼說，應該說，「沒問題的，放心吧！放心吧！」

你不用說「父親」，也不用說「生氣」，只要不斷告訴女性「沒問題、沒問題」，就可以使女性放心了。

♥♥♥♥♥♥

【高明的分手方法⑦】——訴說身體不舒服

時常表現一副胃痛、頭痛的模樣，用餐後又不斷吃藥。在約會時，你可以不斷說這些話，或重複這些動作。即使你們已經訂婚，她的內心也會起了微妙的變化。

和以前不同，現在的女性對健康非常敏感。要她和體弱多病的男性交往，她或許猶豫不前。如果這種狀態持續數月，可能會使她死了這條心。對方也許會鼓勵你「好好加油」，然後主動提出分手也說不定。

♥♥♥♥♥♥

138 如果向女性告白「我是個壞人」……

你是不是會在女性面前假裝是乖孩子呢？

如果以結婚爲前提進行交往的話，這樣是很好。但若彼此之間只是想玩玩，或是因好奇心的驅使而交往，如果你假裝是個乖孩子，那大概不會有人理你。

這就是優越感的問題。如果雙方面論及婚嫁，女性會以丈夫的學歷、服務的機關而感到優越，因此會盡量找條件較好的男性交往。但是如果單純爲了享樂，那麼相反的，女性就希望擁有優越感了。

在這種場合之下，會不斷說出自己的失敗談，表示自己不好的男人，更受女人的歡迎，而且還非常有人緣呢！

大體而言，女性並不排斥低級的笑話。但女性和男性不同，她們只是偷偷的喜歡這些笑話，自己咯咯的笑，用以排解內心的鬱悶。

然而，不瞭解女性的男人，會以爲女性並不喜歡這樣低級、刺激性的笑話，因此，他會刻意說些自己成功的經驗談。

你這麼做，只會使女性越來越封閉而已，使她的情緒無法發洩出來，這就是男女的差異。看電視也一樣，很明顯的，男人所喜歡的映像，和女人所喜歡的也不一樣。

請你試著在女性面前說：

「我是個壞人！」

並說說你的失敗談，從小追女孩子，甚至追過別人的妻子，因此被揍了一頓……，什麼都可以說。

你這麼說也許能獲得她的同情：

「我也是個壞女人呀！」

如果她這麼說，就太好了，因爲你們的條件吻合，接下來的事情就簡單多了。

139 「你是個壞孩子」這句話使她的內心高張

相反的，如果被女性說「你是個壞孩子」，那也很好。

在你說「只要親吻就好」的同時，你們卻達到最後階段，女性就會說出這樣的話了。

但是，一被女性這麼說，男人通常會感覺到自己好似花花公子或無賴一般，而擁有屬於男人的自信。

賴先生在年輕的時候，就經常有女性對他說：

「你一定使很多女人哭泣吧！」

接下來如何呢？從那時開始，不斷有女性親近賴先生。

這並不只是單純的有女人靠近他而已，而是在他身上有一種屬於男人的自信。這就像一種迷幻藥的香味一般，襲擊著女性，結果她們都無法離開他。

你也是一樣，如果有女人這麼告訴你的話，千萬不要下定決心對她說：

樣的。

「我知道了，我從今以後一定不要再這麼壞，不會再使女人哭泣了！」

你反而應該在心裡偷笑，自己竟有使女人哭泣的魅力。這一點在女性也是一

「妳眞是個壞女孩，竟然允許我親妳！」

不妨試著這樣說說看，女性非但不會反省，而且還會說：

「什麼？光是親吻也不可以啊？我是個壞女孩，那你又怎麼樣呢？」

這個時候她的目光會炯炯有神，而且精神一振的這麼說。光是靠這句話，你們就有辦法達到最後階段。這種方法比較適用在年幼的女性身上！

♠♠♠♠♠

【高明的分手方法⑧】——搬家

乾脆搬家也是一種好方法。只要這個男人不是做了什麼太過分的事情，女性應該是不會找到公司去的。如果和對方交往，一開始就是以分手爲前提，那麼連公司電話都不需告訴對方了。

基本上，只要不是借錢不還、訂了婚又反悔、讓女性懷孕——這三大壞事，女性應該不會對你死纏爛打的。

♥♥♥♥♥♥

140 這樣的方法一定能讓她和你做愛

在電影中，

「我愛妳！」

「我喜歡妳！」

常常會聽見男人說出這樣的話。此外，在雜誌的專刊裡，也常出現這種求愛的字眼。但這種話出現在沒有經驗的男性口中，是不太好的。

還是不要做這樣的行動，你成功的機會才會高一點。最近的女性不知是否已習慣這種求愛的字眼，通常面對不太流利的追求字眼，容易呵呵大笑。

「拜託你不要說這樣的話。好不好？你乾脆直接說『我想和妳做愛』，也可以啊！」

一聽女性這麼說，你必然驚訝得瞪大了眼，早知如此，乾脆直接了當的說出來了。

「愛是暴力的，性是不讓她逃掉，這樣子是最好的。」

你必須記取這種強烈的教訓。

「我想要！」

在女性耳邊反覆說這句話十次，比不斷對她說「我愛妳」，成功的機率要來得高。換句話說，「我愛妳」會使女性想逃走；但是「我想要」，就有一半是被束縛住了。

「我想抱妳！」

這種表現，和——

「我想抱緊妳！」

這樣子的表現乍看之下是一樣的，但對於女性造成的衝擊完全不相同。前者的話，女性會說「討厭」，然後就逃掉了。但對於後者，就好像受到符咒的束縛般，無法輕易逃開。

「我已經受不了了，我要抱妳！」

說出這種帶有脅迫性的話，會使女性有所錯覺，認爲她已經到了該被你擁抱的命運。

141 約她到你住處的方法、擁抱她的方法

好不容易約她到你的住處，身為男人，心裡一定這麼想，或許今天晚上就能和她合為一體了，不禁感到興奮。但是若過分製造一開始的氣氛，是不太好的。

如果你以為一開始就將窗簾全都拉起來，放上很有情調的音樂，她就會心甘情願的投懷送抱的話，那你眞是大錯特錯，因為這樣只會破壞氣氛而已。她願意被你擁抱，至少是基於當場的情況，如果在一開始就能料想到結果的情況下被擁抱的話，女性的自尊心是不會被允許的。

與其如此，倒不如把窗戶、電視打開，這樣子反而會讓她自己解釋成「我只是來玩玩而已」。

當然，對於沒有經驗的男性而言，一開始要擁抱女性時，她一定會舉出幾個「不要的理由」。

「窗戶是打開的，我不要！」

「電燈那麼亮，我不要！」

連續說出一些「不要」的理由。你就可以一一針對她所說不要的理由加以解決，這才是聰明的方法。如果你一開始就創造非常有氣氛的環境的話：

「今天我非得立刻回去不可！」

就會讓她有這種警戒心。

另外，你還必須注意的一點，就是盡量從背後來擁抱她，不要讓她看見臉。如此一來，即使你的房間不太乾淨、整齊，但只要男性的臉沒有正面壓迫到她的話，她就可以閉起眼睛，享受羅曼蒂克的氣氛。

【高明的分手方法⑨】——微笑說再見

這是從一開始交往就約定的方法。開始交往時，彼此之間就約定：「如果對方遇到真正喜歡的人，就微笑說再見」。

出乎意料的，現在的女性，非常喜歡這種半遊戲的方式。這種方式對雙方都有好處，在這約定之下，不只男性可以提出分手，連女性也有要求分手的權利，是屬於「男女平等條約」。在此，建議各位採用這個不錯的方法。

142 「每一個人都是這樣子的」——利用這句強而有力的話

女性所喜歡的話有「大家」、「全部」、「每一個人」等等。從小向父母親撒嬌時都會說明：

「大家都有，我也要！」

「全部都是新的！」

「每一個人都有！」

她們已經牢牢記住這些用語了。和男性不同，這些話看來好像是女性逃避自我決定的出口，但一方面卻是奪去自主性的表現。

極端而言，如果你帶女性去一間有一大群女孩子跳舞的房子，那她會覺得自己也應該如此。而有經驗的花花公子，會帶沒有經驗的女性到黑暗的公園去，然後說：

「妳看，大家都好幸福啊！」

只不過在妳帶她到公園去時，也許她的心裡會產生反抗，但是只要你不斷的說「大家」、「全部」、「每一個人」，那麼，她的反抗感就會慢慢被沖淡了。

不論是多麼有經驗的花花公子，都不太可能一開始就和女性獨處。爲了要解除她的警戒心，讓她看見，每一個人都實行的現場，是最好的辦法。

如果你帶女性到酒吧去，即使平常十分保守的女性，在此也都會盡情的敞開自己、盡情歡笑，因爲「每一個人」都是這樣子的。

如果你要帶她上旅館也是一樣，盡量找熱鬧一點的地方，因爲在旅館林立的地方，就會讓她有一種每一個人都是這樣子，這是理所當然的氣氛。

♠♠♠♠♠

【高明的分手方法⑩】——活用傳眞

見面談分手，會使情緒激動。若利用傳真互道再見，就不會發生這種情況了，這是最新的方法。

條件一、條件二，列舉出自己多多少少讓步的冷靜文辭是訣竅，千萬不要出現文情並茂的文字。一方面女性會認爲，反正都是要分手，至少也要拿一點好處吧！基於這樣的想法，這種方式一定會流行的。

♥♥♥♥♥

國家圖書館出版品預行編目資料

輕鬆攻佔女性/趙奕世編著
——初版，——臺北市，大展，2001〔民90〕
面；21公分，——（生活廣場；14）
ISBN 957-468-067-3（平裝）
1.戀愛 2.約會 3.婦女—心理方面
544.37 90003838

輕鬆攻佔女性 ISBN 957-468-067-3

編著者/ 趙 奕 世
發行人/ 蔡 孟 甫
出版者/ 品冠文化出版社
社　址/ 台北市北投區（石牌）致遠一路2段12巷1號
電　話/（02）28233123・28236031・28236033
傳　真/（02）28272069
郵政劃撥/ 19346241
承印者/ 國順圖書印刷公司
裝　訂/ 嶸興裝訂有限公司
排版者/ 弘益電腦排版有限公司
初版1刷/ 2001年（民90年）5月

定　價/ 230元